Entre a fé e os fatos

Copyright © 2022 **Rafael Vieira**
Direção editorial: **Bruno Thys e Luiz André Alzer**
Capa e projeto gráfico: **Bruno Drummond | Bloco Narrativo**
Revisão: **Camilla Mota**
Fotos da capa e do autor: **Rodolfo Carvalhaes**
Fotos do miolo: **Arquivo pessoal**

Dados Internacionais de Catalogação na Publicação (CIP)
(eDOC BRASIL, Belo Horizonte/MG)

Vieira, Rafael.
V657e Entre a fé e os fatos: histórias e conflitos de um padre que se tornou jornalista sem abandonar a batina / Rafael Vieira. – Rio de Janeiro, RJ: Máquina de Livros, 2022.
160 p. : 14 x 21 cm

ISBN 978-65-00-40142-4

1. Vieira, Rafael – Biografia. 2. Jornalistas brasileiros - Biografia. I. Título.

CDD 920.5

Elaborado por Maurício Amormino Júnior – CRB6/2422

Grafia atualizada segundo o Acordo Ortográfico da Língua Portuguesa de 1990, em vigor no Brasil desde 2009

1ª edição, 2022

Rua Francisco Serrador 90 / 902, Centro, Rio de Janeiro/RJ – CEP 20031-060
www.maquinadelivros.com.br
contato@maquinadelivros.com.br

Rafael Vieira

Entre a fé e os fatos

Histórias e conflitos de um padre que se tornou jornalista sem abandonar a batina

máquina de livros

"A missão do jornalista é explicar o mundo, torná-lo menos obscuro, fazer com que as pessoas tenham menos medo e possam olhar para os outros com maior consciência, e também com mais confiança. É uma missão difícil. É por isso que encorajo vocês a preservar e cultivar esse sentido de missão que está na origem de sua escolha. Faço-o com três verbos que acredito caracterizarem o bom jornalismo: escutar, aprofundar, contar."

PAPA FRANCISCO

*À memória do padre Jesus Flores.
Um homem que viveu seu sacerdócio
de maneira inflamável, porque se dedicou
ao jornalismo combativo com a aplicação
diária da visão cristã diante da realidade
concreta. Morto pela Covid-19,
em 2021, depois de gritar muito
em defesa das vacinas.*

Índice

Prefácio

GERSON CAMAROTTI

Na segunda-feira de carnaval do ano de 2013, o mundo foi tomado por uma notícia surpreendente: a renúncia do Papa Bento XVI. Se para a imprensa – e o público em geral – causava perplexidade, para integrantes da Igreja havia um ambiente de muitas dúvidas diante do ineditismo da decisão.

O resultado disso foi algo novo na minha longa cobertura jornalística: fontes e repórteres tentando entender juntos o que tinha acontecido e os seus reflexos para a Igreja. Muitas dúvidas surgiram na ocasião. O que teria levado o Papa a tomar essa decisão?

Naquelas semanas, a sede da Conferência Nacional dos Bispos do Brasil (CNBB), em Brasília, passou a ser uma parada diária na minha agenda, até seguir em março para Roma, para participar da cobertura especial do conclave. Foi nesse período que conheci padre Rafael Vieira, que já atuava na assessoria de imprensa da entidade que representa o episcopado brasileiro.

Nesse contexto, havia um esforço visível de padres e bispos para tentar explicar algo que resultaria numa das mudanças mais expressivas nos rumos do Vaticano, com a escolha do cardeal argentino Jorge Mario Bergoglio como o Papa Francisco. Desde o concílio convocado pelo Papa João XXIII, nada tinha gerado tamanho impacto para o catolicismo.

Ao longo dos anos, diante dessas mudanças de 2013, muitas dúvidas surgiram em relação aos acontecimentos da Igreja no Brasil e no mundo. E as conversas com padre Rafael sempre foram marcadas pela sinceridade. É o que a gente pode constatar neste livro.

A transparência na abordagem dos temas pelo autor é uma ajuda preciosa para entender como o clero em geral costuma olhar a imprensa. Para os jornalistas, em especial, é pedagógico conhecer a construção da notícia pela ótica das fontes.

Em algumas passagens, há mais perguntas do que respostas. O dilema colocado entre a vocação do sacerdócio e a missão de jornalista é o tema principal desta obra. E a resposta para essa indagação aparece com a vivência pessoal de padre Rafael em situações muitas vezes inusitadas em cada capítulo.

Ao longo dos últimos anos, sempre me perguntaram como consegui fazer fontes na Igreja, normalmente um ambiente mais fechado. E aprendi ao longo de três décadas de jornalismo que a seriedade, a transparência e a sinceridade na abordagem dos fatos são elementos básicos para qualquer cobertura: política, economia, polícia, esporte, cultura, ciência e religião.

Muitas vezes a pauta pode ser indigesta. Mas uma abordagem correta dos fatos é compreendida pelas fontes, até mesmo quando a notícia é negativa.

Em julho de 2013, durante a cobertura da Jornada Mundial da Juventude no Rio de Janeiro, foi exibida com exclusividade pelo "Fantástico" e pela GloboNews a primeira entrevista do Papa Francisco.

Havia um ineditismo na situação: até aquele momento, um Papa nunca tinha concedido entrevista para um canal de televisão. Muitas perguntas precisavam ser feitas. E o pontífice abordou todos os assuntos, inclusive os mais difíceis, como escândalos no Vaticano, a evasão de fiéis e aspectos específicos do Brasil, como a onda de protestos dos jovens que acontecia naquelas semanas.

Na Residência Assunção, onde estava hospedado no Morro do Sumaré para participar da JMJ, Francisco deu lições de humildade, solidariedade e humanidade ao falar com exclusividade na sua primeira viagem internacional.

Quando comecei no jornalismo, no início dos anos 90, ainda havia uma cobertura forte de religião nos veículos pernambucanos. Inclusive, porque a transição no comando da Arquidiocese de Olinda e Recife deixou traumas e feridas que eram temas da cobertura jornalística.

No período anterior, durante a ditadura, a Igreja também teve uma cobertura permanente da imprensa. Na ocasião, alguns influentes prelados como o arcebispo Dom Helder Câmara e os cardeais eram vozes corajosas que denunciavam torturas e violações aos direitos humanos no regime militar.

Em 2018, numa reportagem especial para a GloboNews, mostramos inclusive que relatórios da CIA apontavam a Igreja Católica como a mais influente organização não governamental do Brasil e como a principal adversária do regime militar. Segundo um desses relatos de 1981, o governo estava apreensivo sobre o potencial para influenciar a política eleitoral.

Em tempos de democracia, outras vozes foram surgindo como protagonistas do novo momento do Brasil. Mas, em vários períodos decisivos, inclusive mais recentemente, a CNBB nunca se furtou a pontuar como uma espécie de consciência crítica do país.

Poucos dias depois de escrever esse texto para o livro "Entre a fé e os fatos", encontraria padre Rafael pessoalmente, num momento particularmente difícil para mim: na despedida da minha grande amiga Cristiana Lôbo, jornalista que revolucionou a cobertura política em televisão. Padre Rafael foi o celebrante das missas de corpo presente e de sétimo dia na paróquia Nossa Senhora do Perpétuo Socorro, onde Cris frequentava as missas em Brasília. Nestes dois momentos, as homilias trouxeram as palavras certas de conforto para a família. Cris Lôbo era uma grande amiga de padre Rafael e sempre me falava com enorme carinho do pároco do Lago Sul. Não tive oportunidade de dizer para Cris sobre a realização deste livro. Mas tenho certeza de que ela ficaria feliz com o projeto editorial do amigo prelado.

Gerson Camarotti é jornalista

Introdução

Numa animada roda de conversa sobre um assunto relacionado à Igreja Católica, um amigo jornalista quis me apresentar àqueles que não me conheciam na turma e, num misto de constrangimento e de revelação de segredo, saiu-se com a seguinte declaração sobre mim: "Eu não sei se ele é um padre querendo ser jornalista ou um jornalista que se meteu a ser padre". Sem querer, ele resumiu meu grande dilema existencial numa profissão e numa vocação. A ideia central da apresentação era de que parecia ao meu amigo que não havia jeito de juntar essas duas palavras sem algum prejuízo para o que cada uma delas significa. Eu sempre vivi isso. Fiquei devendo a um ou ao outro em tudo que fiz na minha vida.

Passei meus anos de pré-adolescente frequentando a casa de missionários canadenses que nos falavam de um país distante. Com menos de 12 anos, eu já fazia parte de um grupo paroquial que, no ermo do sertão de Goiás, nos anos de 1970, se intitulava "equipe de relações internacionais". Entrei no seminário muito cedo. Completei 15 anos em meio a outros adolescentes que desejavam ser padre. Naquela época, no entanto, eu já sabia que queria ser um comunicador, talvez um jornalista. Conhecia pouco da profissão, mas entendia o quanto aquele ofício era encantador.

Cumpri inteiramente a *ratio formationis*, isto é, o tempo mínimo obrigatório para a formação acadêmica de um padre em uma congregação missionária. Foram dez anos em que me aventurei nos estudos da filosofia e da teologia. Às vésperas da minha ordenação sacerdotal, em 1987, devidamente autorizado, prestei vestibular numa universidade pública para o curso de comunicação social e fui aprovado. Minha situação acadêmica com a teologia me obrigou a trancar o primeiro ano e ingressei no curso somente no ano seguinte. Era um tempo tão vigoroso e com turmas tão especiais de alunos que um dos meus colegas desse início, Hélter Duarte, já foi correspondente da TV Globo em Nova York.

Segui meu caminho. No primeiro ano como padre fui transferido para Brasília e passei a me envolver mais intensamente com dilemas profissionais, uma vez que já era repórter da Rádio Difusora de Goiânia, uma emissora católica de Goiás. Concluí minha graduação em jornalismo e, nesse tempo, cobria a Conferência Nacional dos Bispos do Brasil. Convivi com monsenhor Arnaldo Beltrami, um sujeito espetacular. Um jornalista clássico, que trabalha de noite, fuma muito, dorme de manhã e não deixa um assunto se encerrar sem uma tirada inteligente. Um verdadeiro mestre. Tive a felicidade de ser um dos seus sucessores na Conferência, na segunda década dos anos 2000.

Nos anos que se seguiram a minha graduação, fiz mais ou menos de tudo na profissão, sempre em veículos católicos: fui repórter, editor, editorialista. O padre falou mais alto muitas vezes quando tive que encarnar o "dono da firma" na rádio, na revista, no jornal e, mais ultimamente, na TV, por causa dos encargos que minha congregação me confiou. Em todas essas ocasiões, o jornalista perdeu, às vezes, feio. De todo modo, sobrevivi nas duas frentes de serviço até os dias atuais. Houve momentos em que pensei seriamente em deixar uma delas, mas algum sentimento me convencia do contrário.

Este livro é fruto de uma vontade antiga de esmiuçar os dilemas que me acompanham como padre e jornalista, sobretudo quando cubro algum assunto relacionado à fé, à religião ou especificamente à Igreja Católica. Adianto, porém, que não sou um autor, mas um cara que escreve, como bem distinguiu Leandro Karnal no prefácio de "O filho de mil homens", do escritor Valter Hugo Mãe. Vivi e conto o que vivi. E a questão de fundo é simples e direta: tento ser jornalista e padre sem precisar agir, o tempo todo, como uma espécie de assessor de imprensa honorário da Igreja. Eu só recebi o diploma de jornalista em 1998, mas me considero na profissão desde 1983, quando, aos 20 anos, comandei um programa de entrevistas na Rádio Difusora de Goiânia.

Neste livro, usei como capítulos as etapas de produção de conteúdo jornalístico sem nenhuma pretensão didática, mas apenas para montar um varal no qual eu pudesse dependurar vivências como padre e como jornalista. Tomei emprestado também a confessionalidade e o degredo. São dois complicadores de fazer jornalismo dentro de um ambiente religioso. Levantei, a título de ilustração, consequências drásticas de situações em que a liberdade de imprensa – ou seja, a lida com a informação independente e sem censura – penalizou pessoas com as quais convivi ou simplesmente conheci por meio da pesquisa e do estudo no âmbito da Igreja Católica.

Agradeço aos meus editores, Bruno Thys e Luiz André Alzer, e à amiga que me ajudou a finalizar o texto, Marcia Lyra. Minha gratidão também ao meu superior religioso, padre Reinaldo Martins, a Beth Manzur e à Diaconia São Clemente, da paróquia Nossa Senhora do Perpétuo Socorro, no Lago Sul, em Brasília, que me apoiam na difusão do livro. Obrigado também ao irmão de vida e fé, padre Abdon Dias Guimarães, e à comunidade da Matriz de Campinas, em Goiânia. Um agradecimento especial a Gerson Camarotti, um dos jornalistas mais respeitados do Brasil, que me deu a honra de ter uma palavra sua como parte deste livro.

CAPÍTULO 1

Pauta

Bastidores da transmissão
da missa do Papa João Paulo II,
em Denver, no Colorado,
em 1993

Era dezembro de 1998. Eu havia sido contratado por três anos para fazer parte de uma equipe de jornalistas na Rádio Vaticano que se ocupava com a programação em português da emissora do Papa e que passava, naquele momento, por um novo movimento voltado para as celebrações dos dois mil anos do nascimento de Jesus Cristo. Parecia tudo tão grandioso que não era fácil encontrar pautas que realmente fossem oportunas. Isso não pela ausência de temas e fatos, mas pela abundância deles. Esse é o grande lance quando um padre é jornalista. Tudo é pauta para um e para o outro a história não é bem essa.

Eu achava que havia temas muito importantes a serem considerados, em vista de uma história bimilenar. A algumas centenas de metros da rádio, um protagonista de primeira grandeza dormia, bastante decrépito, no Palazzo Apostólico: o Papa polonês João Paulo II. No entanto, a atmosfera daquele ambiente não estava distante do tempo em que, ao lado do prédio da rádio, religiosos transitavam do Vaticano ao Castelo Sant'Angelo pelo Passetto, um elevado em que eu passava por baixo e que tem na sua base, hoje em dia, uma porção de garrafas e tocos de cigarro, entre outros objetos deixados por turistas ou andarilhos.

A pauta que me tocava era cobrir a agenda do Papa. Pronto. Ganhava o padre, perdia o jornalista. Era impressionante que, não obstante suas condições de saúde, o pontífice conversasse com tanta gente, todos os dias. Aliás, não era conversa, pois só ele falava. E a mim não era pedido que destacasse uma de suas observações mais importantes dadas a esse ou àquele grupo. Nem pediam para eu repercutir alguma de suas afirmações mais contundentes. Eu devia, segundo a ordem superior, apenas pegar o resumo em italiano e refazê-lo em português, sem aumentar nem diminuir. Uma tarefa que podia ser excitante passava a ser repetitiva e entediante.

O sentimento que me tomava era de confusão. Achava que o chamado jubileu do nascimento de Cristo merecia coisa melhor. Sabia da importância da palavra do Papa na programação de uma rádio que servia ao seu ministério. Ainda assim, haveria de ter uma ampliação na pauta. Ou pelo menos, como se ensina nas faculdades, alguma pauta de desdobramento, deixando que as palavras do Papa fossem ouvidas e comentadas por outras pessoas da Igreja. O volume de discursos era tal que essas coisas eram impensáveis. Não adiantava sugerir. Karol Wojtyla atendia muitos grupos todos os dias e seus pronunciamentos eram quase sempre de várias laudas.

Aprendi muito, no entanto. Mais como padre do que como jornalista. Éramos uma equipe formada por pessoas inteligentes e corretas. Aprendi português, horrores. Passei também a construir frases mais complexas, porque do italiano se aprende o poder das intercaladas. Ainda que a locução em rádio exigisse textos mais diretos, exercitei construir frases longas. Nesse sentido, caminhei na direção contrária do que tinham me ensinado na faculdade, em Brasília. Mas aprendi. E das lições obtidas, a maior delas se encontrava no desfrute dos textos dos redatores do Papa. Os discursos eram cuidadosos e profundos. Um deleite.

Naquele período, e no meio dessa luta com a pauta fixa, conheci uma pessoa que marcou minha história de vida. O jesuíta italiano padre Federico Lombardi, que posteriormente veio a ser o porta-voz do Papa Bento XVI e também, por um tempo, do Papa Francisco. Um senhor elegante, gentil. Quando fui comunicar a ele que, mesmo tendo um contrato mais longo, eu precisaria vir embora para o Brasil por causa da minha saúde, ele foi de uma delicadeza extremada em tentar me convencer a ficar. Eu o reencontrei e lhe agradeci anos mais tarde, por causa de uma pauta de um documentário que produzi por ocasião de uma visita *ad limina apostolorum*, obrigação que os bispos do mundo inteiro têm de encontrar o Papa a cada cinco anos – neste caso, bispos do Centro-Oeste do Brasil.

RELEVÂNCIA

Tente participar de uma reunião de pauta em um veículo de Igreja e veja se é possível sair dali com o mínimo de objetividade. Tudo tem raízes profundas e requer um imenso tratamento. Tudo tem que colocar isso e mais aquilo, sem deixar muito claro aquilo outro. Qualquer assunto entra num emaranhado de outros. Um amigo próximo que gosta muito de pescaria me disse que as reuniões de pauta nesse ambiente são piores do que tentar arrancar uma pirarara de dentro de um lago. Ela pega o anzol e o leva para debaixo de uma raiz submersa, o que faz você correr sempre o risco de perder o peixe e ficar somente com a linha.

Busca de relevância, portanto, é pesca arriscada. Numa dessas reuniões em que o senso jornalístico tentava me fazer convencer os colegas da importância de nos exercitarmos um pouco mais para decidir o que era relevante ou não para a pauta de uma revista, ouvi a seguinte afirmação: “Na Igreja, a relevância é Jesus Cristo e o seu Evangelho, meu caro padre”. Pensei que não havia sido bem entendido e reformulei a proposta. Não adiantou. Havia consenso de que só era relevante o que tivesse a ver com aquele princípio, que teologicamente podia fazer todo o sentido do mundo, mas para mim e para aquela discussão não dava uma pauta sequer.

Com a responsabilidade de organizar um portal de notícias, tive que conversar sobre relevância com os nossos colaboradores da Conferência dos Bispos, em

Brasília. Tarefa árdua. Uma das meninas que assumira a assessoria de imprensa de uma congregação religiosa me advertiu, da altura de seus anos de vivência jornalística: relevante para o grupo que ela representava podia não ser para a organização que eu representava. E era tudo Igreja. Tinha razão. E é justamente por causa disso que a avaliação sobre relevância em algum canal de Igreja não prospera. Alguém vai sempre dizer, e não sem razão, que uma determinada pauta é muito relevante, mesmo que não seja.

Meu coração apertava quando via com frequência, nesses mais de 30 anos de jornalismo na Igreja, orçamentos inteiros sendo estourados com material que não trazia pauta relevante. Era dinheiro jogado no lixo. Ninguém lia aquilo, nem as pessoas mais devotas. Revistas, boletins, livros e livretos. Tudo jogado fora. Hoje, as coisas não estão muito diferentes quando tento avaliar o número de websites e de postagens em redes sociais com assuntos sem nenhuma relevância, sem significado para o crescimento das pessoas.

Houve, no entanto, oportunidades de aprendizagem sobre o que conta e o que não conta na Igreja. Todas as vezes em que me deparei com gente mais livre no modo de pensar, com menor adesão à fúria da doutrinação, encontrei pautas absolutamente relevantes. Arcebispos, bispos, padres e leigos com os quais trabalhei me ajudaram a perceber o que de fato é importante na comunicação que se faz na Igreja. Mas é forçoso confessar que foram poucos. E também, por todas as razões do mundo e pela minha própria formação, eu sou um responsável por esse marasmo temático nas publicações das quais participei.

Uma mulher me marcou na sua estupenda criatividade comunicativa e na formulação de assuntos de grande relevância: Therezinha Cruz, uma escritora catequista. Eu frequentei reuniões de pauta do jornal "Folha Catequética", ainda na década de 1990. Ela tinha sempre, sem exceção, ideias concretas, práticas, brilhantes, profundas. O resultado daquelas reuniões, na companhia do saudoso e entusiasta frei Bernardo Cansi, era um verdadeiro desfile de propostas que realmente fazia diferença na vida dos catequistas e de todos que, por alguma razão, lessem aquele boletim.

PERTINÊNCIA

Uma matéria sobre a Quaresma no mês em que começa a Quaresma é pertinente. Claro. Mas não precisa ser sempre como fazem nos meios da Igreja. Ainda que seus autores não manifestem explicitamente, os leitores são tratados como incapazes de serem considerados em sua inteligência e nas suas vivências quaresmais. Parece que sempre é preciso falar do beabá. E não se trata do cumprimento daquele indiscutível mandamento jornalístico de que não se deve supor que o leitor já saiba o básico; não é isso. É a permanência no básico. Passa a impressão, após a leitura desses meios, que nada de novo foi acrescentado.

Participei do encontro internacional que o Papa João Paulo II teve com a juventude em Denver, nos Estados Unidos, em 1993. Um outro padre e eu fomos os responsáveis por acompanhar jovens da Califórnia. Saímos de Sacramento e, em sete ônibus bem velhos, atravessamos os estados de Nevada, Wyoming e Utah. Fui pautado por um jornal de brasileiros de São Francisco para cobrir o evento. Escrevi sobre a forma estranha como uma TV americana transmitia uma missa: botavam apresentadores num elevado, comentando, enquanto o Papa rezava.

Os responsáveis pelo jornal acharam que a pauta não era pertinente. Era fruto só da minha percepção de padre por causa de um certo estranhamento de que jornalistas falassem enquanto a missa era transmitida pela TV. Não prestara atenção à informação de que se tratava de uma igreja minoritária nos Estados Unidos, a Igreja Católica, e que a transmissão de um culto dela só era mesmo o pano de fundo para uma cobertura jornalística séria.

Naquela ocasião, entrevistei um padre muito conhecido na região Centro-Oeste do Brasil por seu trabalho com a juventude. Ele me tratou com aspereza e respondeu com amargura a tudo o que eu perguntei. Fiquei realmente decepcionado, uma vez que o nome desse padre estava associado a grandes projetos, e sua fama era a de um ser humano único. Passei aqueles dias ali por perto das Mountain Rocks do Colorado com o coração escurecido pela conversa com o padre. Anos mais tarde, depois da morte dele, fui informado de que sofria de um câncer agressivo e que o tratamento o deixava prostrado. Disseram-me que ele não reclamava, mas que tinha dificuldade em ser simpático. Pudera.

Certo tipo de pertinência também me atormentou naquela viagem. Eu não conseguia entender a razão de uma lista de proibições que a Diocese de Oakland, ponto de referência da nossa viagem, nos passou antes de entrarmos nos ônibus para Denver. Entre as recomendações, uma delas dizia que o outro padre e eu não poderíamos pernoitar em ambientes onde dormissem menores de idade. Parecia que éramos, de antemão, suspeitos de conduta criminosa. Não era isso. Aquele era um tempo em que a Igreja nos Estados Unidos sofria com os abalos causados por escândalos de pedofilia. Em 2001, explodiu o caso do clero da Arquidiocese de Boston, em Massachussets, denunciado pelo

"The Boston Globe" e posteriormente reproduzido pelo filme "Spotlight", de 2015, estrelado por Mark Ruffalo, Michael Keaton e Rachel McAdams.

Causou-me ainda profunda impressão, naqueles dias em que os jovens perambulavam em busca de encontro de catequese em português pela cidade de Denver, que os bispos católicos gastassem tempo com temas tão básicos. O jornalista se atrevia a dizer ao padre que aquilo tudo não me parecia pertinente. Eu achava que os bispos deveriam aproveitar a presença daqueles grupos enormes de jovens ávidos por uma palavra de orientação e falar da vida aqui na Terra e de seus desafios para toda uma geração. Em nenhum dos encontros que fui havia ênfase a temas atuais. Os bispos batiam em cima de um recado, aparentemente encomendado, sobre a sacralidade da vida em vista do reforço ao combate ao aborto, além de louvores à castidade.

PROXIMIDADE

Um professor jesuíta espanhol com quem tive contato no Centro de Comunicação Social da Universidade Gregoriana, em Roma, um pouco antes do verão de 2013, dizia que a produção de informação de atualidade na Igreja era uma tarefa hercúlea, porque o lugar geográfico e cultural dos padres e dos bispos é o mundo inteiro. Ele não sabia se por presunção ou por realidade. A proximidade, um dos valores-notícia que nos ensinam na faculdade, ou seja, critérios para selecionar, do material disponível, os elementos dignos de serem incluídos no produto final, ficava com sua aplicação concreta bem desafiadora no ambiente da Igreja. Nela, tudo parece próximo. E não é.

Roma, por exemplo, é o centro do universo católico por causa do Vaticano, que, na verdade, é um estado soberano e independente. Recentemente, no meu trabalho de coordenação do telejornal "Brasil hoje", da TV Pai Eterno, fui indagado sobre a relevância de uma informação a respeito da preocupação de burocratas da Santa Sé com a tipificação da homofobia e da transfobia como crime no parlamento italiano. Argumentei com minha equipe que não tinha proximidade com o Brasil atual, mesmo sabendo que, para o conjunto da questão, pudesse ter. De todo modo, fica complicado compreender o que é proximidade em textos jornalísticos para um ambiente católico.

Estudei numa das faculdades da Universidade Lateranense, no início da década de 1990. Essa escola pertence ao Vaticano, apesar de seu campus se encontrar em uma zona de Roma, longe do estado da Igreja. É parte dos chamados territórios não contínuos. Essa faculdade hospedava um centro laico de formação para jornalistas, o Centro Internazionale di Opinione Pubblica. Fiz um biênio de formação lá e tive a sorte de aprofundar questões de ótima proximidade porque os professores eram profissionais da RAI, a televisão estatal italiana, e não do corpo docente daquela universidade.

Um dos professores, Vicenzo Molica, lecionou uma disciplina enquanto fazia sua preparação para ir a Los Angeles cobrir a cerimônia do Oscar de 1991. Naquele ano, Sophia Loren receberia a estatueta por sua carreira. Ele nos ajudou a perceber o que devia fazer um jornalista quando era escalado para uma cobertura do mundo da cultura e do espetáculo, detalhando seus preparativos pessoais. A experiência foi tão boa que acompanhamos, ao vivo, a participação do professor no evento hollywoodiano, em que a Academia de Artes e Ciências Cinematográficas deu ao ator e diretor Kevin Costner o prêmio de melhor filme por "Dança com lobos". Depois, na companhia dele, avaliamos suas intervenções no principal telejornal da RAI 1. Aquilo foi proximidade em dose cavalar. E não tinha interferência das pautas da Igreja.

Outro episódio de grande proximidade daquela temporada se deu um mês depois do Oscar com o professor de uma disciplina que se intitulava jornalismo de aprofundamento. Chegara ao porto de Bari, região meridional da Itália, em março de 1991, um navio com 27 mil albaneses. Eles fugiam da Albânia comunista. Pessoalmente, fiquei profundamente impactado. Nos meios políticos do meu primeiro ano de faculdade de filosofia se dizia que a Albânia era um paraíso social na Terra. O professor fez do mesmo modo que o outro, no Oscar: mostrou-nos todos os passos dados por ele e pela equipe para preparar uma espécie de "Globo repórter" sobre a chegada dos albaneses. Depois de vermos juntos o programa na TV, voltamos à sala de aula para analisar o resultado sem interferência do que aquele fenômeno significava para a Igreja Católica.

AMPLITUDE

Informação atinge muitas pessoas, doutrinação, não. Insisti nisso em todo canto em que trabalhei. Não adiantava muito. As pautas caíam sempre em temas espirituais, e eu achava inapropriado, mas me conformava. Em 1996, num encontro com a presença de muitos jornalistas, fiz uma experiência interessante de discussão a respeito de temas com grande poder de chegar a um público abrangente, não por meio estritamente jornalístico, mas no mercado editorial religioso. A reunião aconteceu no interior da Inglaterra e contou com a participação de profissionais dos cinco continentes. O lugar era inspirador, Hawkstone Hall, uma mansão georgiana do início do século XVIII, situada em um extenso parque em Shropshire, a 255 quilômetros de Londres.

A mim coube fazer uma conferência sobre que tipo de função tinha, no mercado editorial católico, a produção de textos em linguagem popular. Não me intimidei. Busquei a imagem do futebol para ser melhor entendido. Disse aos colegas na plateia que tinha um amigo, Uidemar Pessoa, jogador de futebol que atuara na seleção brasileira. Ele foi o primeiro goiano a ser convocado. O técnico Carlos Alberto Silva o colocou para jogar em duas partidas do Brasil, em 1987. Do meu lado, achava estranho que não fizesse gols. Um dia me dei conta de que o motivo disso se devia a sua função no campo. Uidemar era o que os comentaristas chamam de cabeça de área, que fica na frente da defesa. Ele precisava ajudar na contenção do ataque adversário.

Sem me aventurar em uma teoria que não domino, apesar de ser um torcedor fanático, mostrei que o papel dos nossos textos era semelhante ao do meu amigo jogador. Não tínhamos o status dos goleadores como aqueles que tratam de temas humanos e de fé com maior profundidade nos livros com vários tomos; tentávamos criar um canal para que os leitores chegassem a eles com explicações mais simples e voltadas para a vida cotidiana, considerando o nível médio ou baixo de instrução do público. E me arrisquei a dizer que fazíamos mais jornalismo em nossas produções, de modo que o público se ampliava significativamente em relação à produção tradicional das editoras católicas.

A reação foi interessante. Norte-americanos que representavam a maior editora católica dos Estados Unidos afirmaram ter tomado esse caminho, há muito tempo, publicando livretos de poucas páginas explicando temas católicos mais tradicionais. Outros, da Austrália, disseram que a publicação de folhetos tinha levado a uma tiragem espetacular, mostrando que textos breves e objetivos ampliavam o mercado. Por outro lado, argumentaram que essa espécie de "popularização" poderia deixar conceitos mal resolvidos na consciência dos católicos e consideravam uma aventura tratar de temas morais, por exemplo, em brochuras com textos jornalísticos. Paciência.

Para chegar à zona rural inglesa, um outro padre e eu tomamos um ônibus em Londres, baldeamos em

Birmingham e, no trecho final, pegamos um táxi. Meu inglês não me possibilitava compreender nem 10% do que o taxista dizia – um sujeito de meia-idade que tinha um bigode branco enorme. Ele parecia querer nos incluir na conversa, explicando o caso ocorrido naquela região de uma pessoa atingida pelo mal da vaca louca, dois anos antes. Na verdade, ele falava em profusão e, para nossa sorte, não fazia perguntas. Entendi também que reclamava do preço das tarifas na região e dizia que o que ganhava não estava sendo o suficiente sequer para o sustento dele e da família. Confesso que me causava um profundo estranhamento estar no banco do passageiro bem do lado que, no Brasil, é o banco do motorista.

INEDITISMO

Enquanto fazia a especialização em jornalismo de TV, em Roma, em 1990, assumi um contrato de assistência religiosa em língua portuguesa na Diocese de Basileia, na Suíça. Eu atendia famílias portuguesas nas cidades de Thun, Interlaken e Grindelwald. No entanto, convocado para substituir um colega missionário, fui parar em uma daquelas estâncias famosas de esqui, onde me deparei com uma situação que renderia uma matéria com potente teor de ineditismo. Ao chegar, o rubicundo padre suíço me ordenou, com ares severos e exigentes, que eu celebrasse a missa cantando em latim, porque na pequena capela estava presente uma princesa da Casa Real da Espanha. Eu respondi que não sabia latim e ele fez, em italiano, um deboche sobre padres brasileiros. Rezei em português.

Cheguei a me divertir vendo o esforço do padre suíço para tocar e cantar as composições litúrgicas em latim. No fim da missa, a infanta veio me dizer, em espanhol, que havia apreciado a celebração e a minha homilia. Fiquei perplexo. Não imaginava que uma situação insólita daquela me renderia um elogio. Depois de receber os cumprimentos de Sua Alteza, o padre disse estar feliz com a minha ida lá e que, se quisesse voltar, as portas estariam abertas. Já não era mais aquele mesmo sujeito sisudo e agressivo do momento em que cheguei para cumprir meu ofício. Vai entender.

Não se reduz a esse episódio o ineditismo do trabalho na Suíça. Eu apresentei com honras, desta vez em latim acadêmico, um trabalho jornalístico para obter meu diploma de master na Universidade Lateranense, em Roma. Era um documentário feito no cantão de Berna. Entrevistei vários portugueses sobre a questão da integração naquela região. O curioso é que, quando fiz as gravações, num dos meses em que realizava meu trabalho de padre, não consegui perceber que dois personagens antagonizavam as opiniões sobre os suíços. Um os considerava educados, corretos e até "superiores". Outro achava que eram uns demônios loiros, frios e exploradores.

Para fazer as imagens, contei com um colega da universidade, Alessandro D'Alessandro, filho de um cineasta que foi assistente de Federico Fellini no premiado "La strada" (traduzido no Brasil para "A estrada da vida"). Ele também era membro de um grupo de teatro de Roma que produzia peças realistas. As imagens ficaram lindas e, no frigir dos ovos, para finalizar o roteiro, entendemos que a estrutura do documentário poderia até servir de uma analogia a Umberto Eco que, em linhas gerais, se referia, em sua crítica à cultura de massa, como "apocalípticos e integrados". Nossos personagens se encaixavam num rumo e no outro.

Inédita também foi a experiência numa cidade cartão-postal daquela região alemã da Suíça. Interlaken, situada entre os lagos Brienzersee e Thunersee, tem, em sua praça principal, duas igrejas muito semelhantes. Uma católica e outra protestante. No verão, quando eu dormia no prédio anexo à igreja católica, costumava andar de bicicleta logo no início das manhãs. Num desses dias, o pastor protestante me abordou, em italiano, e me convidou para tomar um lanche na casa dele. Aceitei, meio sem jeito.

Tivemos um excelente momento de conversa, enquanto eu imaginava o que aquilo significaria no Brasil, onde as igrejas evangélicas rivalizam com os padres católicos em cima de pontos relacionados à virgindade de Maria e do primado do Papa. Aliás, na mesma praça onde estão as duas igrejas, os turistas faziam pose para serem fotografados com um fundo absolutamente interessante: duas montanhas com vegetação emolduravam uma outra no meio das duas, coberta de neve, que tinha o intrigante nome de Jungfraujoch, que significa o "jugo da Virgem".

FATOR INESPERADO

Segunda-feira de carnaval, 2013. Eu havia tirado uns dias de folga na assessoria de imprensa da Conferência dos Bispos, em Brasília, e tinha ido para a casa da minha família, no interior de Goiás. Um jornalista fantástico, um dos meus colegas de trabalho, irmão Diego Joaquim, passou uma mensagem dizendo que um hacker invadira o portal do Vaticano e colocara a informação de que o Papa ia renunciar. Fui em busca do noticiário e, no meio da perplexidade e das análises a sangue quente, a história se confirmava. Sem demonstrar nenhuma expressão facial diferente, Bento XVI anunciara em latim, durante uma reunião com cardeais, que de fato renunciaria ao ministério de chefe universal da Igreja Católica.

Um dia de grandes emoções no caminho de casa, no interior, até a sede da CNBB, em Brasília. Os jornalistas queriam esclarecimentos sobre o gesto do Papa. Mobilizei minha equipe inteira, conversei com o secretário-geral da entidade, Dom Leonardo Steiner, e nos colocamos a estudar e pesquisar sobre o assunto. Não havia fontes. O ineditismo da decisão deixava inclusive os especialistas em direito canônico em polvorosa. Agradeci aos céus por ser padre naquele momento em que tinha que agir como jornalista. O *background* da formação presbiteral me servia de base para lidar com a situação com necessário equilíbrio e com possibilidade de abordar a questão sem incorrer em erros maiores.

Joseph Ratzinger fizera o que ninguém imaginara. O Papa Bento XVI sucedeu ao intrépido João Paulo II com uma nuvem de fumaça forte de que levaria a Igreja para anos de grande força do conservadorismo, especialmente aos olhos da imprensa brasileira, em sintonia com os jornalistas italianos, que o consideravam um "rottweiler de Deus". Aqui para nós, essa imagem foi influenciada porque, na condição de prefeito da Congregação para a Doutrina da Fé, antigo Santo Ofício, em 1985, Ratzinger condenara o catarinense franciscano Leonardo Boff a se calar. Três anos antes, Boff havia publicado um livro com o fantástico título "Igreja, carisma e poder", obra que li com muito interesse nos meus tempos de estudos teológicos institucionais.

Na Itália, depois da sua ascensão ao trono de São Pedro, a opinião pública mudara em relação ao cardeal alemão, sempre frio e sério. Jornalistas tinham mais disposição em considerá-lo um grande intelectual. Em público, como Papa, ele parecia sempre em desconforto. Imaginava-se que lhe pesava a imagem do polonês que encantou a Igreja e o mundo por quase três décadas. Esperava-se, por exemplo, que seu primeiro grande documento fosse muito duro e o retrato de uma afirmação do conservadorismo. No entanto, sua primeira encíclica foi a "Deus caritas est" (Deus é amor), na qual falava com ternura e abertura das grandes expressões do amor divino presente na vida das pessoas.

Ratzinger teve que enfrentar escândalos de pedofilia, mas foi surpreendentemente compreendido pela imprensa norte-americana quando tratou do tema e se encontrou com vítimas do clero durante uma viagem apostólica em 2008. Escreveu ao povo da Irlanda e mandou para frente processos rumorosos sobre figuras católicas que haviam sido ignoradas no pontificado de João Paulo II. Caso famoso foi o de Marcial Maciel Degollado, padre mexicano fundador dos Legionários de Cristo, falecido no ano que o Papa visitou os Estados Unidos e sobre o qual pesavam suspeitas de pedofilia.

Bento XVI teve também que se defender de acusação de que ele próprio teria acobertado casos de pedofilia no tempo em que foi arcebispo de Munique, entre 1977 e 1981 – no início de 2022, já como Papa Emérito, ele negou veementemente que tivesse conhecimento dos fatos. Houve ainda o fenômeno que a imprensa italiana batizou de Vatileaks, sobre documentos secretos que vazaram do Vaticano e revelavam uma ampla rede de corrupção na Igreja. Posteriormente, também isso se constituiu, para muitos analistas, na gota d'água para a renúncia.

Eu acompanhei de perto, por exemplo, um dos últimos episódios do seu pontificado. Ele transferiu o arcebispo Joseph Tobin – ex-superior-geral da minha congregação e secretário do departamento do Vaticano responsável pelos membros dos Institutos de Vida Consagrada no mundo inteiro – para a pequenina Arquidiocese de Indianápolis, nos Estados Unidos. Havia rumores de que o Papa não gostava da atuação do meu confrade em favor de religiosas norte-americanas.

Bento XVI teve um pontificado curto e um fim absolutamente surpreendente. Eu nunca vi, como padre e jornalista, algo mais inesperado na Igreja do que a sua renúncia.

NEGATIVIDADE

A maior parte dos temas com potencial jornalístico na Igreja tem a ver com sexualidade, e a perspectiva é sempre negativa. Obtive o título de mestre em teologia moral, na Itália, em 1993. O endereço acadêmico da minha dissertação foi a ética na comunicação, que resultou numa publicação no Brasil: "De Babel a Pentecostes – Um itinerário ético para a informação planetária". Apesar desse foco nos meus estudos, desde aquele tempo, jamais deixei de investigar, me informar e ler sobre assuntos relacionados à área da moral sexual. Confesso que li menos artigos teológicos e mais os casos documentados por jornalistas. Alguns me marcaram profundamente, e até hoje repercutem no modo como entendo, como padre, a questão da sexualidade na Igreja.

Recebi a notícia, em 1991, de que Maria Caterina Jacobelli, uma aluna da Accademia Alfonsiana, instituto que eu frequentava, havia apresentado uma tese de doutorado sobre o fundamento teológico do prazer sexual. O texto provocou barulho na imprensa. Eu pensava, no meu canto, num projeto futuro que me acompanhou por muito tempo, de escrever algo que sugerisse que "Deus gosta de sexo". A maioria católica não me parece entender assim, e esse é um assunto muito delicado até mesmo para os mais abertos e progressistas na comunidade dos estudiosos da teologia moral. Eu sempre achei que esses teólogos temessem mais o que a imprensa seria capaz de fazer de suas declarações do que, propriamente, a apresentação da temática com hipóteses avançadas.

Outra vivência merecedora de registro: um professor francês, ancião, que lecionava para a minha turma, sorteou temas para serem apresentados num seminário sobre "pecados sexuais na Bíblia". A um colega americano e a mim coube a tarefa de tratar da masturbação. Jamais me imaginei correndo atrás de estudos sobre esse assunto. E foi uma pesquisa muito proveitosa. Descobrimos uma tese de doutorado apresentada em uma universidade de Pádua com exaustiva investigação sobre o pecado de Onan, essa figura do livro Gênesis que ejaculava fora da vagina da esposa para evitar uma gravidez que o tirava de uma linha familiar sucessória. Curiosamente, esse contexto não impediu que o ato de Onan se tornasse sinônimo de masturbação. Meu colega de apresentação no seminário celebrou, com barulho, que até o século VII do cristianismo não conhecia registro de um penitente que se acusasse por se masturbar.

Tema tabu no ambiente de Igreja, quase em todo lugar, é a orientação homossexual. Um dos melhores nomes de teólogos europeus no campo da teologia moral católica, o espanhol Marciano Vidal, meu confrade, foi chamado a reelaborar conceitos no seu "Dicionário de moral", no qual reconhece que não se deve entender a homossexualidade como doença nem como simples variante da sexualidade, mas como a condição sexual de uma pessoa que parou no processo de diferenciação. E, nem de longe, se pode pensar que tal condição tenha algum traço de patologia somática ou psíquica.

Um dos últimos trabalhos jornalísticos de fôlego sobre a questão homossexual na Igreja, que teve repercussão na mídia europeia, foi conduzido pelo jornalista e sociólogo francês Frédéric Martel e ribombou em 2019 em 20 países, inclusive no Brasil, com o título sensacionalista "No armário do Vaticano – Poder, hipocrisia e homossexualidade". Eu li com muita atenção e tentei identificar as figuras apresentadas em seus contextos, vantagem que a minha presença na Igreja oferece ao meu faro jornalístico. Creio que há muitas informações contundentes e verdadeiras no livro. No meu blog pessoal, fiz um comentário sobre esse trabalho: acho que o direito à privacidade foi atropelado, ainda que o autor tente assegurar, em algumas partes, que os entrevistados sabiam de seus propósitos em relação à publicação do material.

CAPÍTULO 2

Apuração

Em frente ao Stanford Stadium, na Califórnia, na Copa de 1994, como integrante da equipe de rádio Feras do Kajuru

Em tese, na Igreja, ninguém poderia mentir. E, na maior parte das situações que eu vivi, as pessoas não mentiam. A apuração do que era dito, no entanto, se fazia mais necessária do que se pensa. O Papa é infalível, segundo a doutrina. Os bispos são sucessores dos Apóstolos, segundo a doutrina. Os párocos são os representantes dos bispos nas comunidades, segundo o direito canônico. Os outros padres, diocesanos ou pertencentes a alguma entidade de vida consagrada, além das freiras, também são pessoas com alta credibilidade. Ainda assim, é preciso apurar o que dizem, checar os fatos que relatam, verificar as fontes que apontam. Não obstante o clima geral de confiança, há muito mal-entendido, informações distorcidas e contaminações variadas, mesmo quando se trata de conteúdo relacionado à fé.

Na eleição do Papa Francisco, em 13 de março de 2013, estivemos às voltas com uma apuração problemática. Jorge Mario Bergoglio, o cardeal jesuíta de Buenos Aires, havia escolhido o nome do santo de Assis para ser chamado como Papa, mas correu um boato de que se tratava de uma homenagem que fizera a um outro jesuíta, São Francisco Xavier, grande evangelizador do Oriente que nasceu na Espanha e morreu na ilha de Sanchoão, atual província Guangdong, na China. A dúvida fazia sentido naquele momento, uma vez que o santo é comparado ao Apóstolo Paulo pelo número de pessoas que conquistou para a Igreja, mas somente o próprio Papa poderia dissipá-la. Ele o fez num encontro com os seis mil jornalistas que cobriram o conclave, três dias depois da sua eleição. Disse que a homenagem era a São Francisco de Assis e que quem o inspirou fora Dom Cláudio Hummes, arcebispo emérito de São Paulo, que, ao seu ouvido, depois de sua eleição, murmurou: "Não se esqueça dos pobres".

Outra oportunidade reveladora sobre a necessidade de apuração no ambiente de Igreja me ocorreu nos primeiros anos da faculdade de jornalismo. A história entrou para a pasta dos casos anedóticos. Eu havia sido escolhido para acompanhar um grupo de peregrinos numa viagem a Jerusalém. Era julho de 1990. Sol de estourar miolos na Terra Santa. Eu me preparara com mil leituras bíblicas, mas não consultei, com a calma devida, os lugares que as pessoas costumavam visitar na cidade além do Santo Sepulcro e do Monte das Oliveiras.

Logo no primeiro dia, fomos conduzidos, de ônibus, a um lugar chamado de Abadia da Dormição. Uma senhora se aproximou e perguntou que tipo de informação eu tinha daquele lugar. Com toda a segurança do mundo, eu contextualizei a cena, durante a Paixão, quando Jesus sofria no Getsêmani e os discípulos "dormiam". Quando chegamos à igreja, entrei em pânico. Não era nada daquilo! Eu me equivocara grosseiramente. A igreja tinha aquele nome porque se referia ao fato de Maria, a mãe de Jesus, não ter morrido, mas levada de corpo e alma ao céu, fenômeno que os católicos ortodoxos chamam de "dormição".

Uma apuração básica sempre conta muito. Recentemente, num ímpeto de entusiasmo, convidei um professor de ioga para uma entrevista na TV Pai Eterno, emissora na qual trabalho. Tinha comigo a vivência de um tempo numa paróquia onde professores de ioga eram acolhidos sem nenhuma dificuldade e da época em que estudei meditação cristã com tranquilas referências à prática oriental.

Logo depois de discutirmos a pauta, me dei conta de uma das mais importantes providências a se tomar nos dias atuais, quando algum conteúdo é proposto num veículo de comunicação da Igreja: os comentários dos chamados *haters* e dos influenciadores digitais conservadores. Eles são capazes de fazer água virar vinagre. Nessa apuração, encontrei uma resistência visceral à ioga. Afirmações, bem ao gosto de quem não pesquisa, que continham uma espécie de anátema para quem considerasse a prática da ioga. Pena. Desisti da pauta.

FONTES

Qualquer estagiário de jornalismo se depara com uma dificuldade básica quando precisa apurar alguma coisa na Igreja: não saber quem fala em nome dela. Quem é fonte. Do ponto de vista doutrinal, a Igreja é composta por hierarquia e povo. Na prática, somente a hierarquia é autorizada a falar em nome da instituição. E não é qualquer membro. Fala oficialmente em nome da Igreja somente o bispo ou quem ele autorizar. Um padre, por exemplo, não pode fazer declarações em nome da Igreja. Os leigos, o povo em geral, apesar de altamente valorizados como expressão viva da Igreja, não falam em nome dela.

Fui vigário episcopal para a Comunicação por vários anos na Arquidiocese de Goiânia, em Goiás. Naquele tempo, éramos organizados em três grupos que convencionamos chamar assim: "profissional", a assessoria de imprensa; "pastoral", formado por leigos das paróquias; e "militantes", integrado pelas secretárias de paróquias, que descobrimos serem as melhores agentes de comunicação no âmbito da Igreja. As secretárias é que conhecem o público, porque são procuradas diariamente por ele. Elas é que conhecem o padre, porque lidam com suas idiossincrasias todos os dias. Desse modo, tornaram-se uma ótima fonte de tudo que precisávamos para operacionalizar informação no website e no jornal distribuído nas comunidades uma vez por mês.

A melhor fonte na Igreja são os documentos. Os jornalistas esquecem ou desconhecem esse arsenal de conteúdo que tem legitimidade eclesial. Se documentos do Papa e dos bispos forem seriamente consultados, pode-se obter posicionamento sobre quase todos os campos da atividade humana. Tanto em nível universal como na percepção latino-americana e, especificamente, do Brasil. Há sempre alguma declaração oficial sobre política, economia, cultura, costumes, arte e eventos especiais. Basta tomar como um divisor de águas na história recente da Igreja Católica o Concílio Vaticano II, realizado de outubro de 1962 a dezembro de 1965.

A Conferência Nacional dos Bispos do Brasil se move com 12 comissões temáticas; cada uma é fonte de grande confiabilidade para abordar assuntos da Igreja no Brasil. Uma delas trata especialmente das chamadas pastorais sociais. Os jornalistas podem encontrar nessas organizações da Igreja um mundo de informação sobre os principais problemas brasileiros como violência, déficit habitacional e realidade da fome. Além disso, existem órgãos católicos especializados em temas de grande sensibilidade para o noticiário geral, como a Comissão Pastoral da Terra e o Conselho Indigenista Missionário. Há ainda centros de estudo e de ação da Igreja, como a Cáritas Brasileira e as Pontifícias Obras Missionárias. Todas essas fontes estão, hoje, equipadas por instrumentos digitais como websites e redes sociais.

Há também, na Igreja, uma vasta lista de especialistas com títulos acadêmicos internacionais e, em alguns casos, com carreira consolidada no meio científico.

Com exceções, são pessoas acessíveis e têm informações fundamentadas em estudos profundos. Mas, do mesmo modo que ocorre em outros ambientes, predominam como fontes os padres midiáticos, os leigos conservadores que citam o direito canônico ou pessoas com visíveis problemas psiquiátricos que se arvoram em defender o verdadeiro catolicismo. Eu sempre me imunizo contra esses últimos.

Há, por fim, fontes raras de católicos muito bem informados, que, mesmo sem a chancela oficial, são capazes de oferecer informação segura sobre o ser e o agir da Igreja no Brasil e em outras partes do mundo. No correr da minha vida profissional como jornalista, encontrei mais segurança entre essas pessoas do que entre meus pares.

ENTREVISTA

Fiz um trabalho missionário junto às comunidades portuguesas do norte da Califórnia, especialmente aquelas que estão na chamada Bay Area de São Francisco. Esse trabalho foi marcado por um programa de rádio que acabou sendo veiculado durante dez anos por uma emissora de São José, a KSQQ 96 FM. Eu acho que inovei incluindo entrevistas na programação, considerando que os personagens tinham algo importante a dizer sobre a vida dos católicos naquele canto dos Estados Unidos. O tino jornalístico também me levou a criar nesta atração religiosa uma espécie de "giro da notícia", no qual eu reportava os principais eventos das comunidades e inseria notas de uma agência católica alternativa, a Adista, que trazia uma visão mais à esquerda da atuação da Igreja no mundo inteiro.

A Adista "batia" muito na devoção a Nossa Senhora de Fátima, um tema caro aos portugueses. Por causa dessa linha, li muitas entrevistas com críticos das aparições aos pastorinhos. E também por causa do tipo de apuração de um dos mais famosos casos de aparição mariana, eu conheci um livro escrito na década de 1950 por um ex-padre, o professor da Universidade de Estrasburgo, Prosper Alfaric. Em "A fabricação de Fátima", ele desmontava o culto. Alfaric apontava o lugar dos acontecimentos como uma chave para entender a história: uma povoação isolada e pobre na Serra de Aire, perdida numa Idade Média de lendas e folclores. E também contextualizava a época: 1917, na

Europa, um ano de guerra, com faltas generalizadas de alimentos e de combustíveis, e em Portugal, um ano de confronto entre um governo republicano laicista e o clero católico. Para ele, bastariam essas variantes para que os fatos relacionados a Fátima se dissolvessem.

Uma outra entrevista, esta bem recente, também confirma a necessidade de apuração de casos católicos considerados "consolidados" como a história de Fátima, em Portugal. Dessa vez, de um teólogo autor de um artigo interessante sobre o catolicismo atual, padre Anselmo Borges, professor da Universidade de Coimbra. Em "Francisco: desafios à Igreja e ao mundo", ele responde curto e grosso sobre a pergunta se Nossa Senhora apareceu em Fátima. Borges diz que o decisivo é fazer a distinção fundamental entre aparições e visões. E ilustra que uma aparição é algo objetivo: quando, por exemplo, estamos falando com uma pessoa e chega outra, ambos vemos a terceira pessoa que se aproxima. Ele conclui: "Evidentemente, não foi isso que aconteceu em Fátima e, neste sentido, está claro que Nossa Senhora não apareceu em Fátima aos pastorinhos".

Também por causa do trabalho missionário com os portugueses na Califórnia, fiz parte de uma equipe chamada de Feras do Kajuru e ajudei na cobertura jornalística da primeira fase da Copa do Mundo de 1994. A amizade que eu tinha nas comunidades me dava condições de ter carro e de transitar entre Los Gatos e Palo Alto, além de frequentar os estúdios da Rádio Difusora de Goiânia, improvisados numa ampla casa em South San Francisco. Cabia a mim relatar como os americanos esperavam uma Copa mundial de *soccer*.

Tive, no entanto, o gosto de ir várias vezes à concentração da seleção brasileira e de ver, com meus olhos, o Romário mandar os jornalistas fazerem fila para entrevistá-lo e o Branco respondendo que seria escalado porque ele era "f*da". No meu trabalho, depois de perceber uma razoável expectativa dos americanos, fiquei perplexo ao assistir, quatro dias antes da abertura oficial da Copa em Chicago, a caçada e a prisão do ex-jogador de futebol americano O. J. Simpson, acusado de assassinar a ex-mulher Nicole Brown e um amigo dela, Ronald Goldman. As atenções que estavam sendo esperadas para a estreia da Copa foram quase que inteiramente tragadas pela repercussão desse caso.

CREDIBILIDADE

A Igreja Católica já foi campeã absoluta de credibilidade no Brasil. Hoje não é mais, apesar de contar com grande confiança dos brasileiros. Há fatores de várias naturezas para explicar essa mudança. Entre eles, a emergência furiosa do neopentecostalismo e do seu aguerrido proselitismo, sempre acompanhado de alguma acusação histórica contra os católicos, como a de idolatria representada pelo culto aos santos e a Maria, mãe de Jesus. Ainda assim, entre as instituições da sociedade civil, a Igreja conta com um prestígio bastante considerável. Mas o trabalho jornalístico não é facilitado quando se está dentro da Igreja exercendo função de sacerdote. Eu sempre fico com um pé atrás quando ouço uma informação, vinda de qualquer parte, trazendo afirmações do tipo "na opinião da Igreja" ou "segundo a Igreja".

A Igreja Católica sempre teve dificuldades de convivência com a modernidade. O protestantismo clássico e a liberdade dos pensadores, inicialmente, pareciam uma tremenda ameaça para aqueles que se sentem representantes legítimos de uma ordem divinamente determinada. Com o passar do tempo, no entanto, a inteligência da Igreja se ajustou no diálogo com a modernidade, e a instituição passou a ter grandes interlocutores junto ao mundo moderno. Teólogos e filósofos católicos fizeram história na Europa, nos Estados Unidos e na América Latina, especialmente nos últimos três séculos. Enfrentaram, com êxito, o desafio da modernidade. Eu sou membro de uma congregação fundada por um napolitano, em 1732, que chegou a ser chamado de "o santo do século das luzes". Afonso Maria Antônio João Francisco Cosme Damião Miguel Ângelo Gaspar de Ligório foi padre, bispo e tornou-se doutor da Igreja em 1871, o que o coloca como um dos 36 outros detentores desse título por demonstrarem santidade de vida, ortodoxia doutrinal e ciência sagrada.

Santo Afonso se dedicou ao estudo da teologia moral e é considerado, na Igreja, uma espécie de reserva intelectual de credibilidade nesse tema. No século XVIII, foi considerado um dos maiores amparos doutrinários do papado. Mais recentemente, o Papa João Paulo II o elogiava, Bento XVI rendia-lhe homenagens e Papa Francisco disse, em março de 2021, que Santo Afonso é a expressão de uma consciência madura para uma Igreja adulta.

Por fazer parte de um grupo religioso que derivou de uma figura tão ímpar na história da Igreja, acabei por conhecer pensadores de grande significado em vários campos da ciência teológica. Enquanto estudei na Accademia Alfonsiana, em Roma, vi passar pela cátedra da aula magna a sobrinha do Papa Paulo VI, Nella Filippi, uma extraordinária e entusiasta professora de literatura, e o incomparável Sabatino Majorano, autor de vários trabalhos sobre a formação da consciência moral.

Os bispos, em geral, são fontes de grande credibilidade e podem ser considerados de forma muito especial quando se faz apuração de informação jornalística. Nem tanto pelo fato de serem, em geral, articulados e conhecedores do que falam, mas pela força da prudência impregnada em suas palavras, que têm peso transcendental junto ao seu público direto, os fiéis da Igreja Católica. Esse dado acaba por dar alta credibilidade ao que dizem e uma certa desconfiança investigativa ao que não dizem. Em geral, eles evitam fazer afirmações definitivas em assuntos polêmicos, mesmo quando se trata de situações próprias da Igreja. No imaginário coletivo de um povo tradicionalmente católico como o brasileiro, há sempre assuntos pendentes relacionados ao celibato dos padres, o sacerdócio para as mulheres e as riquezas do Vaticano. Os bispos pouco ou nada falam sobre essas questões.

GRAVAÇÕES

Houve um caso muito barulhento envolvendo o fato de um jornalista não gravar uma conversa e depois afirmar que transcrevera o que o entrevistado disse. Duas estrelas protagonizaram esse episódio: o Papa Francisco e o jornalista Eugenio Scalfari. Eles conversaram no fim de setembro de 2013, e um artigo de Scalfari foi publicado em 1° de outubro. Eu, naquele mês da conversa entre os dois, havia participado de um encontro chamado de Pátio dos Gentios, em Roma, organizado pelo Pontifício Conselho para a Cultura e destinado a promover o diálogo entre crentes e ateus.

Entre os jornalistas convidados para aquela tarde de conversa em Roma, estava Scalfari. Naquele dia, eu me lembro bem, o cardeal Gianfranco Ravasi disse que Jesus foi pioneiro em tuitar, pois em sua primeira pregação, segundo o Evangelho de Mateus, considerado no original em grego, ele usou uma frase lapidar que tem 45 caracteres com espaços: "O reino de Deus está próximo. Convertei-vos".

Scalfari conversou com o Papa e não gravou; escreveu sobre o colóquio no jornal que ajudou a fundar, o segundo mais lido na Itália da época, o "La Repubblica". O Vaticano excluiu o texto de seu site oficial depois que o próprio Scalfari admitira, durante um evento internacional, que em sua versão do encontro colocara algumas palavras na boca de Francisco, frases que ele nunca pronunciara, mesmo ressalvando que ele enviara o texto ao Vaticano antes de publicar e que de lá recebera duas autorizações do porta-voz Federico Lombardi, jesuíta com quem trabalhei na Rádio Vaticano. Segundo o jornal "La Stampa", em matéria de 22 de novembro, a história causou polêmica acalorada na Cúria Romana em torno daquele encontro sem gravação.

Não gravar algo, especialmente com o Papa, é uma temeridade. Scalfari chegou a dizer que, além de não gravar, não fizera anotações, confiando apenas em sua memória; e, no artigo que publicou depois, colocou frases inteiras entre aspas, o que resulta para um simples mortal como palavras proferidas pelo autor mencionado. O vetusto jornalista, de algum modo, desperdiçara o prestígio com aquela aventura depois de ter merecido a atenção do Papa, que lhe escreveu uma longa e fraterna carta no dia 3 de setembro. Um caso raro de um pontífice se dirigir a um jornalista, em particular. Havia um motivo sério. Scalfari publicara, um mês antes, uma carta dirigida a Francisco, citando pontos da encíclica sobre a fé, "Lumen fidei" (A luz da fé).

No ambiente da Igreja, no entanto, há quem não queira gravadores nas conversas. No meu trabalho como jornalista, eu falei com muita gente antes de escrever certas reportagens e, mesmo determinado a reproduzir literalmente o que disseram, não fui autorizado por não ter gravação ou anotações. Minha memória, diferentemente do nonagenário Eugenio Scalfari, é uma tragédia. No fim do dia, não me lembro sequer do que comi no almoço, isso quando consigo recordar, com segurança, que fiz alguma refeição na metade do dia.

Quem já decupou uma gravação sabe o quanto um jornalista sofre com esse tipo de expediente. A tecnologia de hoje facilita essa tarefa, de modo a economizar tempo na hora de se reproduzir declarações na redação de uma matéria. Gravações são necessárias, mas trabalhosas na sua exploração posterior, especialmente quando não se trata de uma entrevista que será reproduzida como tal. Isso sem falar que uma fonte da Igreja é prolixa, quase sem exceção, ao dar um depoimento. Um amigo muito brincalhão costuma me repetir que padre não sabe responder a uma simples pergunta sem recapitular a "história da salvação".

OFF THE RECORD

Guardei, durante anos, os recortes de vários jornais brasileiros que ilustravam um caso de *off the record* que presenciei na cobertura de uma assembleia geral da Conferência Nacional dos Bispos do Brasil, na vila jesuíta Itaici, no município de Indaiatuba, interior de São Paulo. De tanto passar de uma caixa para outra nas mudanças da minha vida missionária, acabei perdendo esse material. No entanto, consegui em linhas gerais as informações para reconstruir o fato.

Tratava-se de um encontro entre jornalistas e o presidente da Conferência, Dom Luciano Mendes de Almeida. Era o dificílimo ano eleitoral de 1989, quando 22 candidatos registraram seus nomes nas urnas para disputar a Presidência da República. Um outro tempo, quando a liderança da Igreja Católica fazia com que os maiores jornais brasileiros escalassem repórteres especiais para ficar na cola dos bispos durante quase dez dias daquele encontro anual. As entrevistas coletivas, quase que impreterivelmente, rendiam manchete de primeira página – nesta assembleia geral em Itaici, conheci o caríssimo José Maria Mayrink, falecido às vésperas do Natal de 2020.

Numa daquelas coletivas, Dom Luciano disse que daria uma informação *off the record*. Todo mundo concordou. Ele pediu que desligassem os gravadores. Falou que confiava na turma. Tratou de assuntos sobre a conjuntura política, que apareceram na imprensa, na manhã seguinte, como as "coisas que Dom Luciano" falou em off. Nada importante, tanto que não houve consequências, mas era uma conversa entre o simpático bispo e os jornalistas, em que uma das partes pediu que fosse considerado o direito de anonimato. Era o fim do *off the record*.

Lembro-me da indignação do assessor de imprensa e das justificativas dos repórteres mencionando que tinham dado ciência aos seus editores do acordo feito. Aquela experiência deixou duas grandes lições. A primeira é que, às vezes, o fato de dizer que a fonte não queria ser revelada é parte importante da própria informação. E a segunda é que não se pode admitir acordo de *off the record* com mais de duas pessoas, além da fonte e do jornalista. Por alguma razão, até mesmo bem justificável, a informação poderá voltar-se contra quem precisava da proteção que o anonimato propicia de algum modo.

Dom Luciano era uma pessoa simpática, gentil e bem-humorada. Uma vez, em Brasília, enquanto esperávamos por uma entrevista coletiva que ele concederia e para a qual estava atrasado em mais de uma hora – deixando repórteres com outras pautas para cobrir completamente mal-humorados –, uma colega foi até o centro da mesa onde o bispo iria se sentar, fez uma cara diferente e disse: "Vejam bem: Dom Luciano vai chegar aqui, olhar para todos nós e perguntar: 'Podemos começar?'".

Não deu outra. Meia hora depois, ele entrou na sala, sentou-se no mesmo lugar e perguntou se poderiam começar a entrevista, no tom idêntico ao usado pela colega. A gargalhada foi geral, quebrando o clima de revolta com o atraso. Dom Luciano não entendeu a cena e disse: "Que bom! Vocês hoje estão bem alegres!".

Uma última coisa sobre Dom Luciano que levo como algo relevante em minha vida profissional. Fiz parte da bancada de jornalistas que o entrevistou, num canal de TV em Goiânia, poucos dias antes do seu falecimento, em 27 de agosto de 2006. Soube depois que fora sua última entrevista para a televisão. Dom Luciano era fino e atencioso. Antes de irmos para o estúdio, conversamos amenidades e ele, como sempre, parecia satisfeito em enfrentar mais um debate sobre a vida da Igreja. Eu me recordo de vê-lo respondendo a tudo, mesmo questões mais quentes, com muita serenidade.

CAPÍTULO 3

Redação

Em Nova York, com as torres
do World Trade Center ao fundo,
em 11 de agosto de 2001,
um mês antes dos ataques

"*Giornalista é uma razza dannata!*" (jornalista é uma raça maldita), me dizia um colega padre italiano, quando me encontrava na sala de leitura da Casa Geral dos missionários da minha congregação, a poucos metros do Parque di Colle Oppio, sobre a Domus Aurea – a casa do imperador Nero –, em frente ao colossal Coliseu, em Roma. Era 1990. Ele ficava indignado com o que os jornalistas escreviam sobre política. Destacava sempre um comentário que lhe parecia tendencioso, indutor de opinião, distante da objetividade. Confesso que me divertia com seus ataques e me sentia meio orgulhoso de representar a classe, cada vez que eu tentava compreender melhor a redação jornalística numa língua diferente da minha.

Muito cedo entendi que escrever, do ponto de vista jornalístico, é mais uma técnica do que uma inspiração. Desde os tempos do ensino médio, eu e meus colegas temíamos a redação nas provas de português. Uma vez, quando apresentava um programa de entrevistas na Rádio Difusora de Goiânia, conversei com a atriz paulista Esther Góes. Perguntei a ela como fazia para decorar tanto texto para uma peça e lembrar dele de quinta a domingo no teatro. Ela me disse que não tinha segredo. Era como se colocasse uma melancia na sua frente e você tivesse que comê-la inteira. Precisava ir comendo parte por parte. Para mim, escrever no jornalismo é exatamente isso: informação, informação e mais informação. Não cabe outro ingrediente na redação jornalística. É preciso dar adeus aos adjetivos, abster-se de exclamações.

Mas, na Igreja, até os textos jurídicos são tomados por considerações cheias do que se pode entender como espiritualidade, o que não traz nenhuma informação propriamente dita. Naquele tempo em que fiquei em Roma, entre muitas histórias curiosas, soube uma sobre o Papa João XXIII, canonizado na mesma ocasião de João Paulo II, em abril de 2014. Ele escrevera um recado ao Conde Giuseppe Dalla Torre, lendário editor do "L'Osservatore Romano", pedindo um favor: que deixassem de escrever no início de suas declarações a suntuosa frase "seus augustos lábios pronunciaram..." e escrevessem simplesmente "o Papa disse".

Sempre fiquei muito intrigado com a mania que os membros da Igreja têm de escrever artigos. Qualquer que seja a pauta, fala-se logo sobre quem poderia tratar daquele tema. Esses redatores de artigos se esquecem de contextualizar, informar e dar conta do que estão escrevendo. Isso faz com que os textos sejam, tecnicamente, apenas opinativos, o que tira a força jornalística da maioria dos redatores eclesiais. Posso dizer que fui condenado a dar opinião e patinei na redação objetiva da minha profissão, justamente porque não tinha o hábito de obedecer a uma lógica redacional.

Nos tempos em que coordenei a assessoria de imprensa da sede nacional da Conferência dos Bispos do Brasil, entre os anos de 2012 a 2019, com intervalos, me engajei num movimento interno, que é histórico, de formatar um manual de redação para quem quer cobrir assuntos relacionados à Igreja Católica. Numa das nossas lutas, contamos com a Dad Squarisi, extraordinária professora de português e atuante no jornal "Correio Braziliense". Ainda assim, o trabalho não prosperou.

A esperança hoje é que muitos jovens e competentes jornalistas contratados pelas dioceses estão preocupados em produzir textos mais objetivos. No entanto, o problema da redação de padres que são jornalistas permanece, uma vez que fazem a graduação e em pouquíssimas situações atuam em veículos que não são da Igreja. Eles permanecem reféns de conteúdos que mais precisam cuidar da transmissão da posição da Igreja do que realmente informar com o mínimo de imparcialidade.

O QUÊ?

Um especial para a TV sobre a Copa do Mundo de Futebol de 2010, na África do Sul. Esta era a pauta que me impus como colaborador de um canal católico. Os limites financeiros me impediam de raciocinar em várias direções. Naquele ano, até mesmo mencionar o evento em determinadas perspectivas exigia pagamento de direitos, segundo me informaram pessoas do departamento jurídico da emissora. Nesse momento, o padre se sobrepõe ao jornalista. Acionei os meus confrades de Joanesburgo. Pedi permissão para passar dez dias por lá e construí um roteiro de temas que podiam me ajudar a trazer ao Brasil um produto final de razoável qualidade.

Consegui o patrocínio para duas passagens aéreas e convidei para ir comigo um confrade também jornalista; produção, reportagem e direção estavam asseguradas a baixo custo. Embarcamos em São Paulo sem um inglês merecedor de respeito. Valia-me o fato de o coordenador da comunidade que nos acolheu ser um sul-africano que havia estudado em Roma e falava comigo em italiano. De quebra, consegui contratar um cinegrafista brasileiro da Record, que já fizera parte de uma equipe que eu coordenara em Trindade, Goiás. Estavam garantidas as imagens, o transporte e a função de intérprete.

No dia 2 de maio, do aeroporto de Joanesburgo fomos direto para Soweto, conhecer e gravar no Soccer City, um antigo estádio de futebol americano onde

Nelson Mandela fez seu primeiro discurso após 27 anos de prisão, em 1990. Eu me referi a isso na passagem que gravamos, a sangue quente, ainda cansado das quase dez horas de voo. Lembrei-me de que ele afirmara que não sairia sozinho da prisão. Foi o tom de reconciliação em sua luta política que o levou à presidência do país e a se tornar um símbolo no mundo inteiro. Um dos padres que entrevistei o conheceu pessoalmente e disse que Mandela olhava nos olhos de seus interlocutores.

Descobrimos que a Igreja Católica, na África do Sul, tinha uma história importante de amparo a soropositivos, mesmo convivendo com um discurso negacionista do governo e com a fama de não valorizar o uso do preservativo, a pretexto de cultuar a fidelidade conjugal. Conversei com o então bispo de Rustenburg, Dom Kevin Dowling, que me disse, com lágrimas nos olhos, o quanto era caro aos católicos o trabalho de acolhimento e amparo de crianças já vítimas de doenças em consequência da aids. Ele contou ainda que sua diocese priorizou construir e equipar clínicas para receber essas crianças, mas que, em muitos casos, eram apenas lugares onde elas morriam com mais dignidade.

O nosso cinegrafista contava com amigos no meio esportivo. Conversei com um empresário que tinha feito fortuna por lá levando jogadores. Visitamos sua casa suntuosa, na qual ele construíra um bar com todos os adereços próprios dos botecos brasileiros, que receberia músicos e conterrâneos para ver as partidas do Mundial. Por causa dele, acabei conhecendo um capoeirista brasileiro branco que nos levou a sua escola, onde realizava a façanha de ensinar africanos a jogar uma invenção de africanos negros escravizados oriundos da mesma África subsaariana.

Um jogador brasileiro atuando na África do Sul era importante no nosso roteiro. Fomos gravar na casa de Igor Alves, estrela no Moroka Swallows. Seu time ganhara em 2009 o Nedbank Cup, uma espécie de Copa do Brasil por lá. Ficamos impressionados com a simplicidade tanto do lugar onde vivia como no modo de nos atender. Nada a ver com a imagem de jogadores ricos que moram no exterior. A gravação na casa dele foi supertranquila. Igor nos deu uma bela entrevista sobre as dificuldades que enfrentara com o idioma: na África do Sul havia 11 línguas oficiais.

QUEM?

Um padre num reality show que trazia um lastro de sucesso pelo mundo. Parece estranho, mas esse padre era eu e se tratava do "Big Brother Brasil", da TV Globo. Estávamos no segundo semestre de 2001. A emissora fez uma grande campanha de lançamento do programa, incluindo a possibilidade de inscrição para participar daquele formato assustador: por três meses, trancafiado numa casa com câmeras por todos os lados, um grupo de estranhos precisaria conviver e sobreviver. O nome do programa rememorava a figura criada no livro "1984", de George Orwell, que eu havia lido com grande interesse pela implicação com a comunicação e por falar do controle de um estado totalitário sobre a vida dos indivíduos.

Nesse episódio, o jornalista passou por cima do padre. Não era prudente, não era conveniente, não era nada santo, mas a minha inscrição foi uma das 500 mil que o programa recebeu. Eu tinha realmente grande desejo de participar daquela aventura. O prêmio de meio milhão de reais sem descontos de impostos era fantástico, mas a mim interessava muito mais lidar com o cotidiano. Eu queria escrever sobre espiritualidade do dia a dia, ou seja, como cada gesto, cada hábito, cada sentimento e pensamento tinham a ver com Deus. Eu imaginava um tempo para vivenciar e escrever.

Acho que não fui selecionado por causa da inscrição. Aliás, nem consegui conferir isso de forma profunda. Em janeiro de 2002, depois de um jantar na casa de uma amiga que fora secretária particular de Tancredo Neves, em Brasília, em que revelei minha coragem de participar daquele projeto, recebi um telefonema da Central Globo de Jornalismo – a primeira edição do "BBB" contou com a colaboração da equipe de jornalismo da rede. No telefonema fui informado de que eu deveria retirar passagens para ir ao Rio de Janeiro.

Fiquei isolado num hotel chique por três dias. Saí do confinamento no sábado, 26 de janeiro, e o programa teve sua estreia na terça-feira, dia 29. Suponho, então, que estive entre os últimos dispensados. Durante esses três dias, fiquei num quarto onde os recados, inclusive sobre as refeições, chegavam por debaixo da porta. Nesse período, fui levado a alguns encontros nos quais me sentava numa poltrona com muita luz diante de uma mesa com diversas pessoas, que me faziam perguntas sobre temas variados, entre eles, se a igreja onde eu celebrava missa ficava lotada.

Suponho que a minha participação tenha sido efetivamente considerada porque, num certo momento, conversei numa sala com o psicanalista Luiz Alberto Py, que me perguntou se eu tinha consciência do que a minha presença no programa representaria para a Igreja. Eu sabia, desde o começo, que aquilo era um perigo. O padre e o jornalista dentro de mim se digladiavam. Avaliava que seria uma oportunidade única de considerar o meu projeto de escrever sobre a espiritualidade do cotidiano, tendo uma espécie de laboratório em rede nacional. Mas sabia também que qualquer expressão mal colocada por mim poderia trazer efeitos tremendos ao meu sacerdócio. Acho que o padre ganhou o primeiro round. Me dispensaram minutos depois de terem me entregado, por engano, uma lista de exames médicos que eu deveria fazer.

Um dos últimos contatos que tive foi com o Boninho e, confesso, não entendi bem a razão de certas perguntas que ele me fez sobre minha presença naquele ambiente. Só sei que saí daquele hotel com a sensação de ter cumprido uma tarefa. Não me angustiei por ter sido dispensado, mas também não me arrependi, um minuto sequer, de ter ido até onde fui.

O jornalista foi vencedor do segundo e último round dessa história. Assisti com muito interesse à primeira edição do programa apresentado por Pedro Bial e Marisa Orth. Em seguida, li mais de 150 textos sobre a repercussão do programa, que premiou um jovem chorão chamado Kleber Bambam, e escrevi um livro: "Big Brother – Traições à espiritualidade do cotidiano nos reality shows".

QUANDO?

Dia 15 de janeiro de 1987, Teatro da Cidade, às 18h. Foi essa a agenda que fizera, pelo telefone, com o ator Caíque Ferreira. Havia passado no vestibular para comunicação social e estava a apenas um ano da minha ordenação sacerdotal. Achava que, por ser alguém não profissional, seria tratado de um modo displicente, mas o ator me deu a melhor aula de jornalismo que já tive em toda a minha vida, e o fez com ternura, respeito, interesse e generosidade. Ele não era anônimo nem fazia um papel coadjuvante. Atuava em novelas no horário nobre da Globo e protagonizava um dos maiores sucessos daquela temporada teatral no Rio de Janeiro: a peça "Giovanni", de James Baldwin.

Preparei uma longa entrevista. Ignorava que estaria com um ator de sucesso, que podia não ter tempo para falar comigo. Ele me atendeu na plateia do teatro; preenchi minha fita cassete dos dois lados, isto é, uma hora de conversa. Posteriormente, ao ouvir as respostas dele, percebi que fizera perguntas muito de padre mesmo e nada de jornalista. Me lembro, por exemplo, de ter perguntado se a peça era uma apologia à homossexualidade. Tranquilo, sem apelar, ele me disse que não, mas sobre o amor, e o amor colocado em um lugar difícil para ser melhor compreendido. Era amor entre dois homens, mas poderia ser entre um homem e uma mulher ou entre um pai e um filho.

Eu, inexperiente, não pesquisei a vida dele antes da nossa conversa. Desconhecia sua trajetória. Nada disso me impediu de fazer uma amizade tão sólida que eu a alimentei até a sua morte, em 1994. Caíque foi o primeiro homem que me beijou no rosto, em público, numa rua de Copacabana. Eu jamais me imiscuí em saber da sua sexualidade e somente, muito mais tarde, tomei conhecimento de que ele era companheiro de vida de um dos seus parceiros de cena naquele espetáculo de sucesso no verão de 1987.

Caíque foi sempre um *gentleman*. Convidou-me algumas vezes a visitá-lo num apartamento no Jardim Botânico. Em 1991, durante o período em que fazia o musical "Lights to light", em Düsseldorf, na Alemanha, foi a Roma me encontrar e ficou hospedado por uma semana no convento em que eu morava. Sempre gentil. Sempre bondoso.

Uma coisa que nunca mais esqueci, dita por ele num dos nossos encontros: "Se você quiser ser respeitado como profissional e for entrevistar uma pessoa famosa, não caia na tentação de tietar". Mais tarde, imaginei que, sem querer, naquela primeira entrevista, eu ganhara pontos com ele porque nem levei para a entrevista uma máquina fotográfica para registrar o encontro.

Só pude ter fotos com o meu amigo muito mais tarde, em outra situação. Guardo uma delas num porta-retratos sobre minha mesa de trabalho. Uma outra vez, também num verão da década de 1980, fui vê-lo com a atriz Beth Zalcman no musical "E o mundo não se acabou", direção de Arnaldo Marques, no Teatro Candido Mendes. Os amigos que me acompanhavam achavam que era papo furado que eu o conhecia. Eu não o avisara que estava no Rio. Durante uma das músicas, ele entrou na fileira em que eu estava, enquanto cantava, chegou até mim e bagunçou meu cabelo com um sorriso. Meus amigos foram ao delírio.

Caíque foi um grande profissional, um ator deslumbrante, sério e profundamente preocupado com a busca de um sentido para a vida. Quando faleceu, vítima de complicações da aids, li que um dos seus amigos dissera que, já adoentado na Europa, ele quis vir ao Brasil porque desejava "morrer em português". Um homem raro.

Em um dos passeios que fizemos pela Villa Borghese, em Roma, eu disse uma fala completa de uma das suas cenas de "Giovanni". Ele ficou com lágrimas nos olhos e contou que, daquele elenco, somente a única atriz que participara da montagem e ele estavam vivos. Caíque me prometeu que no dia em que eu tivesse uma igreja para cuidar, iria lá para pintar um painel atrás do altar. Ficou devendo.

ONDE?

Paróquia Nossa Senhora do Perpétuo Socorro, Lago Sul, Brasília, Distrito Federal. Em 2012, com quase 25 anos de sacerdócio e 14 do juramento na conclusão do curso de jornalismo, fui nomeado pároco pela primeira vez. Era estranho que uma função tão comum na vida de um padre fosse nova para mim. Assumi dando mais ênfase a minha formação em comunicação social. Transformei o boletim da comunidade em uma revista e comecei a fazer entrevistas interessantes. Numa das edições, conversei com o goiano Leo Rassi, que vencera em 2001 o programa "No limite", da TV Globo, ambientado na Chapada dos Ventos, no Mato Grosso. Simpático, ele chegou a ir a nossa igreja tirar fotos para a capa da publicação.

O título da revista era o mesmo da época do boletim, "Sintonia", dado por um antigo e querido pároco, Júlio Negrizzolo. Ele tinha muito apreço pelo trabalho de comunicação e colocara a coordenação nas mãos de dois profissionais: um publicitário e uma jornalista. Quando mudamos para o formato de revista mensal, eu já não contava com essas pessoas e acabei por responder, sozinho, pela produção do conteúdo. Eu achava uma colaboração importante que minha profissão podia oferecer ao ministério na Igreja. Procurei também, com a ajuda dos paroquianos, encontrar apoiadores mais modestos que garantissem a impressão, uma vez que o boletim teve toda a sua existência amparada pelo patrocínio da antiga

Vasp: um de nossos paroquianos era o proprietário da companhia, Wagner Canhedo.

Aquela aventura jornalística passou a ter os seus dias contados, na opinião do pessoal da comunidade, em maio de 2013, quando, por teimosia minha, entrevistei a atriz e apresentadora Maria Paula para ilustrar o tradicional "mês das mães". Conversamos por algum instrumento digital da época, ela no Rio, eu em Brasília – solução que virou rotina no período da pandemia do coronavírus, desde março de 2020. Ela foi muito gentil. Falou da maternidade de um jeito terno e de como era sua vida, com muita responsabilidade e carinho. No entanto, sem que eu tivesse entendido bem, recebi críticas por tê-la escolhido para a capa da revista. Pouco depois, me avisaram que não era mais possível continuar com a publicação por falta de apoio financeiro.

Na Igreja tem disso. Veladamente ou não, certas pessoas não são muito compreendidas. E agir como jornalista, tendo um cargo eclesiástico, é tarefa complicada. Voltamos às pautas costumeiras, cessaram as entrevistas curiosas. Ainda assim, antes de me despedir daquela experiência, fiz uma longa matéria sobre Lionel Messi e coloquei, em preto e branco, a imagem do rosto dele na capa. Encontrei como fonte uma revista espanhola sobre sua vida religiosa. O atacante argentino tem o costume de fazer peregrinação até o Santuário da Virgem Maria de San Nicolás, a 50 quilômetros de Rosário, onde nasceu. Messi retrata a sua fé também em uma tatuagem. Ele exibe no braço, perto do ombro, a imagem de Jesus Cristo.

A proposta era mostrar que o vencedor de um programa popular na TV, uma mãe atriz diferenciada e um ícone mundial do futebol tinham a ver com a vida normal da paróquia: três seres humanos, iguais em sentimento e dignidade, que podiam inspirar aquela comunidade de fé. Para muita gente, porém, não foi uma boa ideia. Eu cheguei a fazer, numa reunião importante de paroquianos, um mea-culpa pelo rumo que a "Sintonia" tomara.

Encerrada a experiência com a revista e depois de acreditar que era preciso voltar os olhos a outros horizontes sem me fixar em regras jornalísticas, fui convidado no segundo semestre de 2012 a ser assessor de imprensa da maior entidade representativa de bispos católicos do mundo, a CNBB. Pronto, achei que ia sair do jornalismo para aprender a ser pároco, mas voltei a mergulhar nele mais uma vez.

COMO?

O mesmo garoto de 17 anos que assistia, meio tímido, ao movimento dos jornalistas antes da Copa do Mundo de 1994, na Califórnia, se tornou o jogador mais importante do elenco da seleção brasileira em 1998, na França. Ronaldo Nazário. Eu recebi apenas passagens de ida e volta para Paris e mil dólares para realizar uma missão quase impossível: cobrir, para a Rede Católica de Rádio, a preparação da seleção brasileira. Não sei francês, mas fui escolhido porque, sendo jornalista profissional, poderia me hospedar na casa dos padres da minha congregação na Boulevard du Montparnasse, sem custos e, de lá, ir diariamente à concentração onde Ronaldinho – ele ainda era chamado assim – reinava absoluto nos arredores da capital da França.

Eu não conhecia a cidade. Paris é um mundo. No dia em que cheguei, comprei uma revista que trazia Ronaldinho na capa. Inútil tentar que alguém me ajudasse na tradução na casa dos padres. A freira que cuidava da portaria era espanhola e tinha pavio curto, e o meu cicerone, irmão de uma grande amiga açoriana, um garçom português aposentado, que não se interessava por futebol. Apesar disso, me perguntava sempre se eu podia tirar uma foto com o Ronaldinho para ele presentear o filho. De todo modo, compreendi, logo no início, que aquele Mundial era muito diferente do anterior, nos Estados Unidos: franceses, em geral, amam futebol e gostam do Brasil, mas não suportam que alguém tente buscar informações em inglês.

Todos os dias daquelas duas semanas eu tomava um trem na Gare Montparnasse, passava pela Gare de Lyon e rumava para a cidadezinha onde a seleção brasileira treinava. Encarava o credenciamento da CBF, mas tinha pouca paciência com o tumulto que se fazia na hora de falar com Ronaldinho. Conseguia minha sonora – como chamamos, em rádio, o depoimento de alguém – e caía fora. Nas minhas intervenções, acabava mais descrevendo a fixação da imprensa pelo jogador.

Andei pelos arredores da concentração para contar aos ouvintes sobre a cidade que acolhia os jogadores. Na verdade, os treinos eram em Ozoir-la-Ferrière, um lugar bacana e aparentemente sossegado, com 21 mil habitantes, que tinha como prefeito um socialista do partido do primeiro-ministro Lionel Jospin. O hotel da seleção, no entanto, ficava em outra cidade, ainda menor, chamada Lésigny. Eu não fui nenhuma vez ao hotel. Chegava lá no campo, pegava informações, preparava meus boletins e voltava a Paris.

Acompanhado pelo meu amigo português, fazia refeições em restaurantes marroquinos porque a comida era mais barata e, impreterivelmente, estava na cama antes das oito da noite, todos os dias. Como um jornalista que é padre precisa aproveitar tudo, durante as tardes eu ia conhecer os pontos turísticos usando o metrô ou andando a pé. Confesso que cometi o maior de todos os pecados culturais: não tive paciência para entrar no Louvre, mas tirei uma foto na frente da pirâmide de vidro e metal no pátio central do museu. Mas fui à Torre Eiffel. Havia nela uns letreiros luminosos com uma espécie de contagem regressiva para o ano 2000. E, claro, visitei um padre francês que falava português e trabalhava na Conferência dos Bispos, que me contou como a Igreja Católica quase ignorava o Mundial.

Voltei ao Brasil antes da abertura oficial da Copa. Cheguei a tempo de participar do chamado Provão, um precursor do Exame Nacional de Desempenho dos Estudantes (Enade), que todos os graduados passaram a ser obrigados a fazer antes da colação de grau. E não foi com menos perplexidade que assisti àquele espetáculo infame da final contra a França, em 12 de julho, no estádio de Saint-Denis, quando a seleção perdeu por 3 a 0 numa partida precedida por uma misteriosa convulsão do celebrado Ronaldinho.

POR QUÊ?

No dia 11 de setembro de 2001, sob as ordens de terroristas da rede extremista Al Qaeda, dois aviões de passageiros foram jogados contra as torres do World Trade Center, em Nova York. Eu e um confrade, padre Abdon Dias Guimarães, estivemos no deck das Torres Gêmeas exatamente um mês antes, em 11 de agosto. Aquele não era um dia bom para a visita, porque a neblina impedia completamente a visão de Manhattan e tivemos que ficar na parte interior do chamado "topo do mundo".

Em 2013, quando completei 50 anos, escrevi sobre esse acontecimento num livro que chamei de "O tempo voa", mas na verdade pretendia dar o título de "50 tons de verde", parafraseando um clássico erótico que fazia sucesso nos cinemas – tirado da obra da escritora inglesa E. L. James e estrelado por Dakota Johnson e Jamie Dornan. Na verdade, eu queria apenas provocar com o título, pois o meu livro não tinha nada de sexual; tratava de sentimentos. Lancei mão de traços autobiográficos somente para estruturar o texto, considerando o ciclo entre 1963 e 2013. No livro, eu imaginei o que nos teria inundado a alma se, estando lá no World Trade Center, na manhã do 11 de setembro, tivéssemos que nos despedir da existência em meio ao horror daquela montanha de ferro escaldante.

Nova York sempre esteve na minha mira como jornalista, mas fui até lá por ser padre. Eu já havia experimentado andar pela cidade por um dia, alguns anos antes, quando visitei um casal de amigos que deixou a vida religiosa e o sacerdócio para constituir uma linda família. Ela, uma freira americana. Ele, um padre canadense. Tiveram três filhos incríveis e um deles, o mais velho, me acompanhou de ônibus de Taunton, perto de Boston, até a Big Apple. Levantamos bem cedo e chegamos ao terminal rodoviário ainda na parte da manhã, onde nos esperava um padre salesiano que fazia doutorado por aquelas bandas.

Na viagem às vésperas da queda das torres, em 2001, no entanto, eu viveria uma história muito mais emocionante. O colega padre que me convidara para ir a Nova York garantiu que iríamos nos hospedar no apartamento de uma amiga dele, num prédio da Quinta Avenida. Dentro de mim, duvidava daquilo. Achava que se tratava de algo mais remoto e menos glamouroso.

Quando descemos no Aeroporto JFK, porém, uma van já nos aguardava. O motorista brasileiro avisou ao meu amigo que tudo estava preparado para a nossa estada e, para o meu completo espanto, fomos deixados diante de um daqueles prédios com portas giratórias na Quinta Avenida. "Macarronicamente" perguntávamos ao porteiro, em inglês, pelas chaves do apartamento, quando ouvimos alguém dizer, nas nossas costas: "*I know who you are*". Era um mexicano simpático que nos instalou em um apartamento com tudo que precisávamos e com amplas janelas, pelas quais tínhamos uma vista esplendorosa de Manhattan.

O dinheiro era contado dólar por dólar, mas tínhamos que ver, ao menos para entrar no currículo, um musical da Broadway. Compramos ingressos caros e fomos assistir, confortavelmente, a uma das montagens de "O Fantasma da Ópera". E, como não sobrou dinheiro para outras aventuras, passamos o restante da semana andando a pé o dia inteiro pelas ruas da metrópole. Comprávamos comida no supermercado e a preparávamos "em casa". Rodávamos quase todas as manhãs, por um bom tempo, pelo Central Park, que ficava ali perto.

Depois do atentado de setembro, encontrei-me com meu amigo para refletir sobre aquela aventura nova-iorquina. Ficamos com a impressão de que fomos protegidos, de alguma forma, pelo fato de termos andado por lá num tempo em que ninguém seria capaz de imaginar uma catástrofe daquela magnitude. A amiga do meu colega, dona do apartamento, era da família dos proprietários de um grande resort, em Goiás. Coisas que somente uma rede de amizade, na Igreja, poderia me proporcionar.

CAPÍTULO 4

Edição

Equipe da assessoria de comunicação da Conferência Nacional do Bispos do Brasil, em 2014

Eu aprendi na faculdade que editar é o mesmo que selecionar, hierarquizar e montar um discurso coerente para um produto final de jornalismo, mas sempre achei que esse processo parecia cura psicanalítica. Me inscrevi numa sociedade de psicanálise, em 1996, para frequentar uma formação de quatro anos. Já me deitara no divã por vários anos e só interrompi o processo quando, no dia 10 de outubro de 1995, enquanto tentava "editar" minha vida num set psicanalítico, meu pai se despedia desta vida pedindo para falar comigo. Ninguém me encontrou, porque eu estava, no exato momento em que ele morria, numa sessão de análise.

É complexo quando a edição se torna o problema da reportagem. Tive que conviver com isso. Mas retomei a análise por causa da formação. Sigmund Freud desenhou uma doutrina de cura pela fala, mas continuei achando que se tratava de uma edição. Afinal, o processo requer que o analisado encontre os nós da existência e os expresse de forma coerente para si mesmo, procurando, com a ajuda do analista, associar livremente aqueles trechos de modo que a experiência vivida seja retomada com um novo olhar, minimizando seu peso e tornando-a passível de compreensão.

Até mesmo a escolha da sociedade de psicanálise na qual eu estudei foi uma prova que colocou o padre e o jornalista em confronto. Eu queria entender como funcionava aquilo direito e tive que me familiarizar com a visão e o acompanhamento psicanalítico de um pastor protestante, fundador da escola. A Associação

Nacional de Psicanálise Clínica, com sede no Rio de Janeiro e que oferecia mensalmente aulas em Brasília, era coordenada por um senhor que sempre se vestia de preto, tinha visão excepcional da teoria freudiana e cometia o "pecado" de apresentar aos alunos as principais teses de seus dissidentes, como Carl Gustav Jung e Wilhelm Reich.

No meu entendimento, o trabalho da edição requer, do mesmo modo que o da psicanálise clínica, um domínio sólido das ferramentas. Eu trabalhei muito tempo com um editor que conhecia tão bem o ofício dele que nunca me deixava na mão, nem quando uma sonora parecia completamente imprestável. Ele sugeria efeitos, ilustrações e tinha um fantástico *timing* do conjunto da obra. No fim, a matéria editada era muito diferente do que eu imaginara. Para mim, não havia nada mais psicanalítico do que aquilo.

Omiti essa minha formação em muitas rodas de conversa, porque sabia da fúria dos freudianos ortodoxos diante de pessoas que ousavam se referir à doutrina do mestre sem saber de cor e salteado sua obra complexa. Para eles, minhas histórias, tanto da sociedade eclética que frequentei quanto das comparações que faziam da edição jornalística, podiam beirar o charlatanismo.

No passado, em muitas ocasiões, passei horas ao lado de um editor para concluir um programa de TV, mesmo quando tinha entrevistas finalizadas e o roteiro organizado. Lembro-me de uma ocasião em que editávamos, de noite, e perdemos a hora diante do computador, de tal maneira que, quando nos demos conta, o dia estava amanhecendo.

Hoje em dia, como diretor da TV Pai Eterno, convivo com editores que são mais solitários, gostam de trabalhar por conta própria e manifestam um certo desconforto com a presença do repórter. No aniversário de um deles, saí com essa comparação com a psicanálise, e o coordenador da edição, no fim da homenagem, veio me dizer que a mulher dele era psicanalista. Tremi nas bases. Achei que tinha cometido em público uma heresia com a doutrina do Dr. Freud. Ele me disse que ia conversar com ela sobre a comparação. Nunca tive coragem de abordá-lo sobre o assunto.

QUALIDADE

Conheci parte da Espanha em outubro de 2013. Eu acompanhava o superior-geral da congregação religiosa a que pertenço numa viagem muito especial. Ele iria representar os mais de cinco mil padres e irmãos que formavam o seu grupo religioso na Igreja Católica na beatificação de confrades nossos assassinados durante a Guerra Civil Espanhola, reconhecidos pelo Vaticano como mártires. O jornalista atropelou o padre naquele episódio, porque tive mais olhos para a imprensa do que para a grandiosa cerimônia em Tarragona, na Catalunha, com a participação de 105 bispos, 1.386 sacerdotes e mais de 2.700 religiosos. Minha atenção recaiu sobre a qualidade do material ao ler dois jornais que representavam conservadores e progressistas naquele país: o "ABC" e o "El País".

Transformei a viagem numa grande reportagem e confesso que, ao editar o material que recolhi, deparei-me com uma alta qualidade jornalística nas duas tendências que interpretaram o mesmo fato. Qualquer coisa relacionada à Guerra Civil, ocorrida entre 1936 e 1939, incendeia os jornais na Espanha.

O "ABC", bem monarquista, tratou a história dos mártires numa cobertura ampla e ofereceu, em suas páginas, grande espaço para a fala dos eclesiásticos. O tom geral consistia em que o século XX era um tempo de martírio e que o grupo formado por três bispos, 88 sacerdotes diocesanos, 15 sacerdotes de ordens religiosas, 412 religiosos e sete leigos tinham derramado o sangue pela fé.

O “El País”, criado há 44 anos, tem um perfil político definido pelo seu fundador, Juan Luis Cébrian, como um jornal que conta o que interessa aos leitores e não se cala sobre o que incomoda o poder – mas nem por isso é considerado, por ele, como um veículo de esquerda. Quando o assunto é Guerra Civil Espanhola, os redatores não perdoam a Igreja por seu papel de colaboracionista. O jornal abriu espaço para protestos contra a cerimônia e acentuou o fato de que a hierarquia católica, de algum modo, conferiu legitimidade e apoio aos generais que se opunham ao regime republicano.

Editar todas essas informações num único texto pedia de mim mais faro de jornalista, sem ceder às justificativas e considerações de padre. Acho que me saí bem no trabalho. A viagem ainda me deu a chance de conhecer, pessoalmente, o postulador da causa de beatificação do arquiteto Antoni Gaudí, que nos levou para percorrer cada parte da Basílica Menor da Sagrada Família, em Barcelona. Ainda inacabada, é uma igreja que originalmente se chamou Templo de Expiação e foi redesenhada por Gaudí em 1883. Durante as explicações do nosso guia de luxo, eu ficava embasbacado de estar vivendo, presencialmente, aquela experiência.

Apesar da emoção de visitar a Sagrada Família, meu coração batia forte para conhecer o Estádio Camp Nou, do Barcelona. Não deu. Ficou para outra vez. Tínhamos que seguir para a cerimônia em Tarragona e, de lá, para Madri. Na capital, organizei o material que recolhera com os recortes de jornal e fui apresentado ao jovem padre Damían María Montes, da paróquia confiada à nossa congregação. Em 2015, ele enfrentaria as resistências internas, treinaria seus dotes artísticos e musicais, e entraria nas audições às cegas do programa "The voice" espanhol. As cadeiras se viraram para ele, mas foi eliminado na fase das batalhas. Depois da experiência, não parou mais: continuou fazendo shows com grande público pelo país.

EQUILÍBRIO

Eu sei que no trabalho de edição é preciso exercitar a percepção de equilíbrio na elaboração da informação, que, por causa disso, pode-se voltar ao insolúvel dilema da imparcialidade. Penso que nem vale recapitular essas lições. Sinto que, por ser padre, meus textos jornalísticos sempre foram considerados "desequilibrados": pendiam para um lado da informação e eu não conseguia reproduzir a imagem de que o jornalista, ao modo positivista, seria alguém desinteressado de tal forma que não replicaria nenhum tipo de ideologia ou de opinião. Nunca acreditei que fôssemos capazes de descrever apenas os fatos como verdadeiramente são, sem nenhuma "mancha".

Em 2001, assisti a um musical sobre São Francisco de Assis, no Teatro Nacional, em Brasília, e encasquetei que devia entrevistar o protagonista, o ator Ciro Barcelos, remanescente do lendário grupo Dzi Croquettes. Minha insistência tinha certa justificativa, por se tratar de um espetáculo de natureza católica, mesmo trazendo uma cena de nudez quase total quando o santo se despede do pai numa praça de Assis – mas todo o interesse ficava apenas para a conta do jornalista. Eu queria enfrentar uma conversa para saber como estava virando "santo" um ator da turma que movimentou a cena brasileira nos anos de 1970 com uma escandalosa mistura de humor e androginia.

Fui parar em Copacabana para fazer a entrevista. Ciro me recebeu em um amplo apartamento na

Avenida Atlântica. Falou com um ar de profundidade de sua experiência com São Francisco e do quanto aquilo sugeria desapego em sua vida pessoal. Cá com os meus botões, em desequilíbrio com o espírito jornalístico de imparcialidade, eu julgava que, quando se tinha uma casa daquelas, talvez fosse mais tranquilo experimentar o sentimento de não possuir. Era meu coração batendo por um dos lugares que mais amo visitar. Um apartamento de frente para o mar significava o máximo de um sonho de vida.

O musical fazia um tremendo sucesso. Lembro-me da forma impressionante com que Ciro falava a respeito de sua experiência em Assis, lugar que visitou para passar um domingo e onde acabou ficando seis meses. Seu objetivo era conhecer a vida do santo dos pobres e o itinerário espiritual de uma figura católica que transpôs as fronteiras das igrejas e religiões, e que foi eleita pelos leitores da revista norte-americana "Time", em 1999, uma publicação não cristã, a personalidade do segundo milênio.

Ciro contou na entrevista que, em Assis, fez um curso vocacional com os franciscanos e se integrou numa espécie de pré-postulantado a se tornar membro da Ordem dos Frades Menores (um dos primeiros grupos fundados por São Francisco de Assis). Fez jejuns, experimentou muito do que vivem os franciscanos italianos, mas não continuou por lá. Voltou ao Brasil e fez o musical.

No fim do espetáculo, que me capturou para aquela aventura jornalística – depois de o elenco percorrer um caminho de ritmos que variavam entre cânticos populares religiosos até baladas de rock'n'roll –, Ciro apresentou cada um dos cantores. Naquele momento revelou que quem interpretara Santo Antônio era o diretor da montagem. Ele brincou com o fato de que, na vida, São Francisco foi quem dirigiu Santo Antônio e, na peça, acontecia o contrário.

Ao sair do Teatro Nacional, a pessoa que me acompanhou no espetáculo não se conteve ao se referir à cena de quase nudez em que São Francisco devolve as roupas ao pai, Bernardoni, diante do bispo, numa praça da cidade: "Para a idade que tem, o Ciro ainda está com um corpão".

CLAREZA

No processo de edição, a clareza nos dados informados é uma exigência *sine qua non* em qualquer mídia. Um material confuso torna-se, na maioria das vezes, descartável. E, dependendo do tipo de produção jornalística, as frases intercaladas, pelas quais tenho verdadeira veneração, constituem-se um problema. O atributo da clareza, no texto jornalístico, fortalece a ordem direta e a expressão exata das ideias sem deixar margem a ambiguidades. Não sou um bom editor justamente por causa das malemolências do meu texto. Atribuo tal limitação ao fato de ser padre. Nas ondas da espiritualidade, do aconselhamento e da pregação, é muito fácil se afeiçoar a um discurso mais dilatado.

Talvez seja também por causa desse meu *handicap* que eu tenha tanto amor pelo trabalho jornalístico em revistas. Na segunda metade dos anos 2000, eu produzi, dirigi e apresentei durante um ano um programa na TV Aparecida, canal católico do interior de São Paulo. Chamava-se "Brasil em revista" e foram 50 edições. Hoje, eu rio da minha presunção. Feito no interior de Goiás, o programa tinha uma equipe minúscula, sem orçamento mínimo. Querer apresentar um panorama jornalístico semanal sobre o Brasil era um absurdo. E pior: as condições para realizá-lo foram se definhando com o tempo. Só consegui encerrar esse trabalho porque eu tinha muita vontade de concluir aquilo com responsabilidade.

O programa, dividido em dois blocos, durava uma hora. Explorei a duplicidade de sentido da palavra revista que tanto significava uma conferência geral dos fatos mais importantes ocorridos no país, como a possibilidade de retirar ideias das capas das principais revistas semanais. Eu lia as manchetes das publicações e, durante a atração, tentava aprofundar alguns daqueles temas. Um dos quadros era uma espécie de agenda cultural que eu produzia depois de vasculhar a programação dos teatros e dos cinemas de capitais brasileiras. Duas grandes reportagens e uma entrevista de fundo davam o formato final.

Confesso que procurava ser claro na montagem de todos esses elementos e, no meu entender, realizava uma revista eletrônica. Hoje, acho que não era bem assim; um amontoado de informações que só tinha espaço no canal porque o programa era baratíssimo, fiel e apresentado por um padre jornalista. Esses componentes davam um ar de seriedade, mesmo que uma revisão mais aprofundada pudesse identificar problemas sérios na construção do programa.

O "Brasil em revista" esteve na grade da TV Aparecida entre setembro de 2005 e setembro de 2006. Era uma labuta. O cronograma de produção tirava todas as condições de validade e de clareza do programa. Era preciso fazer as matérias, as entrevistas e o roteiro numa semana, editar na outra e enviar tudo num CD, via correio, de Goiânia ao interior de São Paulo, para que fosse ao ar na semana seguinte. A contemporaneidade ficava comprometida pela lógica de produção. Depois de tanto tempo, penso na quantidade de informação ultrapassada e de agendas expiradas que acabaram indo ao ar.

Foi apenas o padre atropelando o jornalista que levou o projeto adiante. E ainda havia um agravante: eu não tinha parceiros. Cheguei ao ponto de, no fim daquela odisseia, improvisar um miniestúdio em parte de um prédio que abrigava o centro social da paróquia na qual eu trabalhava, graças à benevolência do pároco. Montei dois teleprompters com computadores velhos colocados de cima para baixo em dois caixotes, graças à invencionice de um cinegrafista, e usei o dinheiro da emissora de rádio que eu coordenava para pagar repórter e bancar as despesas postais. Uma tragédia.

SENTIDO

Na hora de finalizar uma edição é necessário se submeter ao questionamento básico no qual se deve responder se aquilo faz ou não sentido. O padre fala alto porque encontra modos de achar, como no poema "Mar português", de Fernando Pessoa, que tudo vale a pena se a alma não é pequena. O jornalista, na verdade, se encolhe diante de tanto otimismo e resmunga que certas coisas não têm, absolutamente, sentido. Eu sempre vivi essa guerra em meu interior e em quase tudo que fiz na vida, no rádio, na TV e nos trabalhos em livro, jornal e revista.

Escrevi em 2003 um livro com um título pretensioso: "Entenda a vida – Tudo tem três lados". A ideia nem era tão ambiciosa. Nasceu de um quadro do qual eu participava num programa de rádio apresentado por um casal sobre questões do cotidiano. Eles me enviavam a pauta e eu entrava no estúdio com um roteiro dividido em três pontos. Imaginava que era preciso sair do mundo binário, do preto e branco, do maniqueísmo moral e religioso de imaginar apenas dois lados das questões. No fim das nossas conversas, eu percebia que aquilo fazia muito sentido.

Obedecia ao costumeiro modo de ver os dois lados das coisas sem nenhum problema, mas os apresentadores estavam sempre interessados no "terceiro lado", o que trazia o diferencial da minha participação. Sempre me esforcei para deixar claro o sentido plural da vida. Eu chamava de três, mas poderiam ser quatro, cinco ou seis lados a serem considerados diante de qualquer questão. E enfiava por meio dessa abertura, impreterivelmente, a visão da fé, da transcendência, o que era, naturalmente, o básico da minha participação como padre diante das famílias que nos acompanhavam e nos colocavam em primeiro lugar em audiência em Goiânia, cidade de mais de um milhão de habitantes.

O entendimento do sentido da vida me levava a abrir estradas novas, mesmo diante de situações tradicionalmente inegociáveis do ponto de vista doutrinário da Igreja. Lembro-me, por exemplo, do dia em que uma ouvinte quis que tratássemos da homossexualidade. Obviamente, no primeiro lado, considerei os elementos científicos sobre a questão. No segundo, aproveitei para apresentar o posicionamento da teologia moral católica, que é bem mais próximo dos princípios científicos do que imagina quem apenas repete o que ouve dos padres mal-informados. E, no terceiro lado, chamei a atenção para a realidade de pais de família, de filhos e filhas, de esposas e de amigos em diversas idades que convivem com o sentimento e atração por pessoas do mesmo sexo. Mereciam, no mínimo, o respeito de todos.

Nossa conversa sobre o sentido da vida, no rádio, nos trouxe excelentes resultados e repercutiu entre professores e outros comentaristas. Isso me levou a pesquisar, conferir e redigir um segundo volume sobre o tema, publicado dois anos depois do primeiro livro.

Daquele movimento, guardo uma lembrança que me traz de volta ao fato de ser padre e jornalista.

Encontrei-me, anos mais tarde, com um jornalista que defendeu seu título de doutor na Universidade de Brasília, com uma tese sobre o magistério na Igreja; me confidenciou que meu livro sobre os três lados tinha aberto um caminho sem volta para ele no campo dos estudos e da pesquisa acadêmica. E concordava com aquela guinada do discurso não binário para tratar até mesmo questões que a doutrina católica cataloga como qualquer coisa próxima do dogma.

CAPÍTULO 5
Publicação

Encontro com o
Papa João Paulo II,
na Praça de São Pedro,
em maio de 2000

Creio na máxima de que uma palavra pronunciada em público é uma pena jogada sobre as pessoas: não volta. Se o vento ajudar, ela fica no alto; se o vento não ajudar, vai achar um lugar para repousar no chão, mas estará sempre ali. A decisão de publicar qualquer texto, áudio ou imagem é um exercício sério de cidadania e de moralidade pessoal e social. Hoje, esse princípio se banalizou porque a revolução tecnológica digital fez com que, potencialmente, todos tenham o poder de publicar. No passado, a decisão de noticiar se limitava a alguns jornalistas que supunham ter a capacidade de avaliar o peso de uma publicação e eram bem pagos para isso.

O fato de ser padre aumentou em mim esse tipo de pressão interna e muitas vezes acabei recuando diante da vontade de tornar público determinado conteúdo. No período das eleições presidenciais de 2002, eu prestava serviço como vigário para a Comunicação da Arquidiocese de Goiânia. Chamado um dia para acompanhar o arcebispo em um encontro particular com um dos candidatos à presidência, fui à residência episcopal, cheio de receio. Não me dou bem em ocasiões que reúnem pessoas muito interessadas em cargos públicos.

Durante a conversa, o candidato fez um comentário sobre as mulheres que, na minha opinião, o derrubaria em segundos. É claro que o jornalista gritava para publicar, mas o padre me aconselhou, interiormente, a conservar aquilo somente comigo, pois tinha sido dito num ambiente íntimo, sem compromisso com a opinião pública e sem que eu questionasse o candidato sobre o significado do que dissera. Publicar seria trair.

Em outro momento, naquela mesma época, tive que acompanhar as investigações sobre uma série de mortes de padres. Um teria sido envenenado, um segundo assassinado por suspeita de ser o responsável pelo envenenamento do primeiro, e um terceiro fora morto num motel em circunstâncias estranhas. Tudo isso num intervalo de poucos meses. Jamais sofri tanto em decidir sobre o que poderia ou não ser publicado. Os jornalistas nos enviavam questões muito difíceis de serem respondidas. Outros profissionais que me ajudavam na assessoria de imprensa do Vicariato viveram comigo aquele clima tenso. Eu me restringia às orientações sempre lúcidas e responsáveis do meu chefe e fazia o controle sobre o que se publicava, com muita preocupação. Um termo malposto poderia ser um desastre.

Tive que lidar também com o desafio de definir o que publicar ou não quando coube a mim, entre 2003 e 2007, a direção de um radiojornal de veiculação nacional, o "Brasil hoje", da Rede Católica de Rádio – que chegou a ter 120 afiliadas no país. Era um trabalho diário bastante exigente porque, além das pautas, me ocupava também de uma fala editorial de três minutos, no fim de cada programa, transmitido das 7h às 7h30, de segunda a sexta-feira. Valia-me da observação da política nacional e tentava não cair em um expediente fácil na época, de que, na falta de assunto, era só "bater" no presidente Lula.

Em 2021, já coordenando a TV Pai Eterno, emissora católica de abrangência nacional, fiz todo o esforço para levar o modo e o nome do "Brasil hoje" para a telinha. Continuou sendo difícil o trabalho de decidir quais linhas jornalísticas seguir, considerando, sobretudo, que a audiência é formada por fiéis católicos de perfil conservador e que uma abordagem fora da curva pode ter consequências à instituição que mantém a TV, à Igreja e, naturalmente, a quem autoriza a publicação das notícias.

LIBERDADE

Não se pode justificar, por nenhuma razão, qualquer condicionamento que venha impedir o exercício da liberdade de expressão quando se tem nas mãos a oportunidade de publicar alguma coisa. Pelo menos é isso que penso. Mas, sendo padre, sou também um jornalista muito limitado na liberdade de falar e de escrever. Ainda que tenha convicção sobre determinados temas que não foram devidamente tratados pela Igreja, preciso me abster e não me engajar em projetos que pretendam explorá-los. Esse exercício me pede uma contínua reflexão sobre o que é, de fato, ser livre.

O jornalismo preza a liberdade na mesma medida em que a Igreja valoriza a discrição dos seus padres. Eu fico no meio disso. Uma vez, no verão de 1992, fui à Irlanda. Cheguei em Dublin, num dia de chuva, coisa "incomum" por lá. Me matriculei numa escola de inglês para estrangeiros e abandonei na primeira semana, perdendo as economias que fizera, porque um confrade, padre Sean Lawler, me convidou para ir com ele de carro até Belfast, na Irlanda do Norte. Eu não podia deixar passar aquela ocasião. Sentia atração por conhecer melhor e até escrever, se fosse possível, sobre a cidade onde se vivia uma tensão social grande alardeada como uma guerra entre católicos e protestantes – o que na verdade se dava entre nacionalistas irlandeses e simpatizantes do Reino Unido.

Grande dose de liberdade me levou àquela reviravolta nas minhas férias de meio de ano. O jornalista dava ordens ao padre, que desperdiçara seu dinheiro e se aventurava em explorar as ruas de Belfast. Fui abundantemente recompensado, com a sensação indescritível de caminhar nas imediações do Clonard Monastery, um grande convento da minha congregação. Aquela região era considerada reduto do famoso IRA, Irish Republican Army (ou Exército Republicano Irlandês). Um confrade me disse que seus militantes matavam católicos também. Atiravam nas pernas das pessoas. Fiquei muito impressionado com os soldados que andavam de costas e com fuzis pelas ruas do bairro.

Aquela experiência de liberdade me levou a esmiuçar a história de um confrade que se tornara símbolo da reconciliação no país. Perguntei tudo o que podia sobre ele. Padre Alec Reid era considerado uma figura importante no processo que mais tarde consolidou a paz na Irlanda do Norte e promoveu o desaparecimento do IRA. Seis anos depois da minha visita, em 1998, padre Alec se debruçou e atendeu, na rua, dois cabos do Royal Corps of Signals atingidos pelo IRA; a fotografia do gesto dele se tornaria uma das imagens mais emblemáticas do conflito.

Padre Alec morreu aos 82 anos, em 22 de agosto de 2013. O obituário do "The Guardian", de Londres, jornal que se ufana de se considerar a voz liberal do mundo, trouxe um texto detalhado de sua vida e luta, em que destacava o papel do padre durante o conflito na Irlanda do Norte, como promotor da paz, agindo em segredo e criando pontes entre o IRA e os governos britânico e irlandês. Ele expressava, segundo o jornal, um instinto nacionalista irlandês que compartilhava do ideal republicano de uma Irlanda unificada e livre dos britânicos. No entanto, tinha horror à escala e à crueldade com que a campanha pelos direitos civis foi subvertida pelo IRA na década de 1970, transformando-se numa luta violenta.

O "The Guardian" não contou, mas eu tenho fontes que afirmam que padre Alec também foi chamado, em certa altura da vida, para agir em favor da pacificação dos conflitos na região do País Basco, na Espanha. Imaginavam que ele fosse capaz de sensibilizar os militantes do ETA, sigla que significa, em língua basca, Pátria Basca e Liberdade. Padre Alec não conseguiu resultados e foi, inclusive, criticado pelos confrades espanhóis por não os ter consultado sobre a situação antes de aceitar fazer a mediação.

RESPONSABILIDADE

A obrigação da responsabilidade pelo que se publica rima com selo de moralidade para um padre jornalista. Não rima com moralismo. Aprendi, desde cedo, que moral é a arte do bem viver e tem a ver com valores que, para um cristão, estão presentes no Evangelho, na Bíblia. Muito diferente de um código de conduta baseado em costumes. O maior teólogo moral do século XX, Bernhard Häring, foi padre da minha congregação e fundou a escola onde estudei essa disciplina de teologia. Ele escreveu um manual sobre o tema para leigos, em 1979, com o título de "Livres e fiéis em Cristo". Sob essa inspiração, detalha temas clássicos da vida moral para a Igreja Católica. Em menos de dez anos, a obra, escrita em alemão, estava amplamente difundida em seis outros idiomas: inglês, francês, italiano, japonês, português e espanhol.

Padre Häring foi colaborador na preparação e na realização do Concílio Vaticano II. Ainda assim, no fim dos anos de 1960, teve a coragem de confrontar o Papa Paulo VI quando lançou a encíclica "Humanae vitae" (Vida humana). O texto tratava de métodos contraceptivos, considerando que os católicos não podiam usar a pílula, revolucionária conquista para os casais do mundo ocidental desde o começo daquela década. Padre Häring assinou, em 1968, com mais 600 estudiosos católicos, principalmente dos Estados Unidos, uma declaração concluindo que os católicos poderiam responsavelmente decidir usar o controle de natalidade se fosse para o bem do seu casamento. Era como se afirmasse que o princípio da responsabilidade representava o principal critério para as opções morais de um cristão.

Ser responsável é ser coerente com a moral que professa, mesmo quando a palavra do poder aponta em direção duvidosa. Padre Häring não tinha medo do dissenso na Igreja, mas um amor verdadeiro, embora crítico pela instituição. Há quem pense que isso não seja possível. Eu o venerava e cheguei a encontrá-lo, pessoalmente, no refeitório do nosso convento, em 1990. Magro, usava um suéter elegante e um lenço que cobria a traqueostomia, resultado de um câncer na garganta. Não ousei sequer cumprimentá-lo. Ele sofreu vários processos no Vaticano, mas nenhum deles tirou seu prestígio como um teólogo verdadeiramente responsável. Padre Häring tinha simpatia pelo jornalismo e pelos jornalistas.

Logo em 1966, publicou, com fundamento teológico, mas em formato jornalístico – isto é, direto e objetivo – o livro "Padre Häring responde: 50 problemas religiosos e morais resolvidos por um teólogo do Concílio". Além disso, escolheu escrever sua autobiografia na forma de uma entrevista que concedeu a Valentino Savoldi, um padre jornalista italiano. O título do livro foi simplesmente "Häring". Em uma de suas últimas publicações, quatro anos antes de morrer, sempre marcando seus textos pela responsabilidade, padre Häring escreveu "Está tudo em jogo", referindo-se à situação geral da Igreja no mundo.

A responsabilidade por um discurso crítico à Igreja levou padre Häring a enfrentar, várias vezes, o tirocínio da imprensa. Ele revelava particularidades de processos do Santo Ofício contra teólogos, sempre com a ressalva de que o fazia não para perturbar o coração dos que tinham fé, mas para contribuir na cura de uma situação tornada patológica na estrutura interna da Igreja.

HONRA

No fim de agosto de 2020, em plena pandemia do coronavírus, a Associação Filhos do Pai Eterno, a Afipe, uma instituição de comunicação dirigida pelo meu confrade padre Robson de Oliveira Pereira, foi alvo de um daqueles escândalos midiáticos de grandes dimensões, com direito a matéria de quase 20 minutos no "Fantástico", da TV Globo. Policiais chegaram de madrugada ao nosso convento, que se localiza ao lado do Santuário do Divino Pai Eterno, em Trindade (GO). Estavam acompanhados de representantes do Ministério Público de Goiás. O objetivo era recolher material e investigar suspeitas de que meu confrade seria autor de desvios financeiros da associação, diga-se, uma entidade jurídica de direito privado. Não havia recursos públicos em questão, mas as pessoas estavam sendo levadas a crer que se tratava do dinheiro delas que teria sido malversado pelo padre. Os recursos arrecadados pela Afipe são frutos de doação. Por conta dessa história, a honra do padre Robson foi atingida em cheio.

No início de 2022, o caso ainda estava sem solução e é bastante complexo. Os elementos para montagem do quebra-cabeça estão nas mãos do Ministério Público do estado, que formatou e executou uma operação batizada de Vendilhões. Há um fato básico que suscitou todo o resto: uma denúncia feita pelo próprio padre Robson sobre extorsões que sofreu por parte de uma quadrilha de hackers que sugeria ter revelações importantes a fazer sobre sua vida amorosa.

A quadrilha se encontra presa. O Ministério Público, a partir de provas coletadas na denúncia, realizou a execução de mandados de busca e apreensão. E desde essa movimentação, as ações têm sido arquivadas em várias instâncias da Justiça.

Padre Robson, por conta desse barulho todo, foi submetido também a uma espécie de silêncio obsequioso pela força de decretos canônicos, isto é, leis internas da Congregação do Santíssimo Redentor e da Igreja. Eu e os demais jornalistas da nossa congregação, além de outros confrades, fomos convocados por nossos superiores para ajudar naquela situação e assumimos a coordenação da TV Pai Eterno, que, com apenas um ano de existência, conquistara lugar interessante no mercado de audiência católica do Brasil. Até o início de 2022, padre Robson, infelizmente, não teve ainda sua honra devidamente restabelecida e continua afastado de suas funções.

Estamos lutando para continuar com dignidade o trabalho que não era de propriedade do confrade acusado, mas da Igreja. E, especialmente nos programas de jornalismo da TV Pai Eterno, sob a minha responsabilidade, entabulei um diálogo com pauteiros e repórteres para que evitássemos qualquer referência ao confrade. Isso me trouxe grande desgaste pessoal, porque poderia parecer que eu não quisesse ajudar no esclarecimento da questão. Não tínhamos elementos seguros, públicos e da Justiça para fazer qualquer tipo de cobertura. E o objetivo dessa tática, na verdade, era para que estivesse minimamente assegurada a defesa dele. Eu creio, firmemente, que a solução desse imbróglio jurídico e a criação de algum movimento, na Igreja e às claras, possa recuperar sua honra como padre e comunicador.

A honra de uma pessoa é uma preciosidade, mas a publicação de certos conteúdos pode colocá-la em uma camisa de força. Fica no ar a dúvida se, de fato, as acusações tinham ou não procedência. A lentidão dos processos de esclarecimento também resulta em elevados tributos morais, porque permanece uma nuvem de desconfiança em torno da pessoa acusada. A chamada grande mídia não acompanha o caso com a mesma atenção, pois precisa passar a cobrir novos escândalos. A demora gera um jogo de culpados que leva a honra de mais pessoas para o esgoto.

Há um sofrimento enorme por trás desse episódio, que envolve a honra de muita gente. Primeiro, claro, como já falei, a do próprio padre Robson, que afirma sua completa inocência e continua obedecendo aos seus superiores. Depois, como o caso trouxe à baila um trabalho de evangelização realizado pelos Missionários Redentoristas de Goiás desde 1894, no Santuário do Divino Pai Eterno, todas essas pessoas também sofrem com a situação. Um trabalho feito com pioneirismo, honestidade, austeridade e honra por dezenas de missionários, sempre amparados pela confiança depositada pela Igreja por meio do arcebispo de Goiânia. E, por fim, são atingidos também os confrades que receberam a dura missão de continuar o trabalho na TV Pai Eterno e na Associação dos Filhos do Pai Eterno.

Como alguém que faz parte do grupo, posso afirmar que não temos qualquer interesse em desqualificar os indiscutíveis méritos do padre Robson nem estamos na TV Pai Eterno para ocupar o lugar que "não nos pertence". Pretendemos apenas servir ao povo e à Igreja, num momento duro para todo mundo. Há quem não entenda desse modo e atente contra a honra do grupo que hoje está à frente do trabalho da Afipe. Essas pessoas fazem acusações infundadas sobre nós que lá estamos por meio de comentários em canais do YouTube e de forma agressiva e desrespeitosa por meio de mensagens de WhatsApp distribuídas em grupos de religiosos. Com isso, infelizmente, elas pensam que fortalecem um movimento pela volta do padre Robson ao comando da entidade.

LEGALIDADE

Os legisladores sempre tiveram atenção especial com o que se publica na imprensa, no mundo inteiro. No Brasil, o arcabouço é bastante respeitável. Um jornalista não pode publicar o que bem entende sem ter condições de responder, na Justiça, pelo que afirmou. Por causa disso, o jornalismo profissional é tão necessário na sociedade de hoje, pois se trata de um dos últimos redutos em que se pode identificar falhas na informação e exigir retratação. Um jornalista profissional continua sendo uma referência e ele próprio tem em vista suas responsabilidades diante da lei.

Em minha tese de mestrado, defendida em Roma em 1993, tratei da deontologia jornalística e para isso tive que pesquisar durante meses sobre princípios adotados em vários países. Lembro-me de ter estudado essa realidade, mais precisamente nos Estados Unidos, na Colômbia e na Itália. Nos três países, a legislação avançou nos últimos quase 30 anos.

Nos Estados Unidos, hoje em dia, os profissionais são bem preparados nesse campo. Há uma combinação dos cursos de ética em jornalismo e de legislação de mídia de massa, e é forte o movimento pela inclusão de questões éticas em todas as disciplinas e nos exercícios práticos para os estudantes.

Na Itália, os jornalistas precisam se submeter a provas e pertencer a uma ordem, como temos para advogados aqui no Brasil. O exercício da profissão parte da premissa de respeito pela dignidade da pessoa humana e interesse do Estado pela integridade moral das pessoas. Lá existe uma particularidade legal: o jornalista é considerado um mediador intelectual entre o fato e o leitor, e tem direito ao sigilo profissional, que permite receber notícias protegendo as fontes. Entretanto, se a informação é imprescindível para a comprovação de um crime – e sua veracidade só pode ser verificada com a identificação da fonte da notícia –, o juiz tem a prerrogativa de determinar ao jornalista que a revele.

Da Colômbia, um dos códigos de deontologia jornalística que recebi, de um confrade religioso que estudara em Roma e partira para Bogotá antes da elaboração da minha dissertação, deixava claro que a verdade e a objetividade são imperativos imprescindíveis de boa-fé no jornalismo.

Para um padre jornalista, eu seguia o ensinamento de que um código deontológico era, na verdade, um reforço à inspiração da fé que chama a atenção para a correção e ao respeito à legalidade no exercício da profissão. Tudo deve ser medido pela ética e a verdade da informação. Dentro da legalidade também é importante afirmar que, ao passar uma informação, o jornalista precisa ajudar as pessoas a se responsabilizarem socialmente, oferecer elementos de formação de consciências capazes de julgar a realidade retratada, fugindo ao papel passivo de apenas ver, ler e ouvir.

Ando hoje, nas minhas pesquisas pessoais, atento à recentíssima Lei Geral de Proteção de Dados, sancionada em 2018. A imprensa tem informado pouco sobre esse novo instrumento legal. A coleta, armazenamento e publicação de dados pessoais é uma prática necessária no desenvolvimento das reportagens, mas ainda assim há quem afirme que a profissão não se enquadra na nova lei. Acho que é melhor garantir que se obedeça rigorosamente a um princípio destacado pela lei, mas já bem conhecido da profissão: a necessidade do consentimento dos donos dos dados. Vivemos em ambiente de pandemia de *fake news*, e todo cuidado é pouco.

CAPÍTULO 6

Confessionalidade

No estúdio com
Silvonei José, diretor do setor
de língua portuguesa do portal
Vatican News, em 2018

Nunca quis fazer jornalismo confessional no sentido que existia no começo do século passado. A minha congregação, por exemplo, lançou um jornal confessional em 10 de novembro de 1900. Era um veículo que se propunha a divulgar a palavra de Deus e a devoção a Nossa Senhora Aparecida. Esse informativo existe até hoje, mesmo depois de vários abalos financeiros e de mudanças no enfoque do material publicado.

Conheci um jovem jornalista que editava o jornal, em meados da década de 2010. Ele não era religioso e fazia matérias com grande rigor técnico. Esse colega deixou a redação de um jornal confessional, passou num concurso público em Brasília, rodou pela Empresa Brasileira de Comunicação, a EBC, e acabou por se encontrar num trabalho de assessoria para um artista na Espanha, onde se casou e vive feliz com o marido, um DJ animador de festas badaladas no litoral europeu, como Ibiza e Mykonos.

Em duas ocasiões entrevistei a atriz Eva Todor, que não era católica. Nas conversas que tive com ela, me dei conta da responsabilidade de falar em nome de um veículo confessional sem deixar de lado minha responsabilidade profissional de manter o diálogo no campo da arte. Eu redigia e apresentava numa rádio católica um programa que se chamava "Pelos caminhos da esperança". Eva foi de uma simpatia desconcertante. Fiquei meio apreensivo, porque sabia que ela era filha de judeus, mas o modo laico, livre e terno de tratar os temas debatidos me deixou numa situação de absoluto conforto.

Em outra ocasião, para o mesmo programa, conversei longamente com Gloria Pires. Uma atriz reconhecidamente livre no que faz e no que fala. Me apresentei com todas as credenciais que devia, morrendo de medo de que não aceitasse o convite por ser "coisa de Igreja". Nada do que eu temia aconteceu. Ela discorreu com muita propriedade sobre os temas da entrevista. Uma performance distante daquela que protagonizou em 2016, quando foi comentarista na transmissão da entrega do Oscar na TV Globo e disse, várias vezes, que não tinha condições de opinar. Só me causou certo estranhamento, no fim da conversa, quando pedi a ela autorização para encerrar o programa com "Coração", música de seu ex-marido Fábio Júnior que ela havia gravado. Gloria disse, gentilmente, que preferia que eu tocasse "Drops de hortelã", que também gravara, mas com Oswaldo Montenegro.

Ser jornalista e se apresentar com o selo de um veículo confessional tem lá suas vantagens quando precisamos de informação de alguém com carinho especial pela Igreja. Foi o que aconteceu em 1984. Estive no set de gravação da novela "Vereda tropical", da Globo, para entrevistar uma pioneira da TV brasileira, a atriz Georgia Gomide. Ela estava muito interessada, na época, pelo movimento de renovação carismática católica. Entre as respostas às minhas perguntas, deixava sempre um comentário sobre os carismáticos e considerava que aquele movimento aproximaria católicos e evangélicos.

De todo modo, conservo um certo pudor com meus convidados. No programa "Parlatório", que apresento na TV Pai Eterno, sempre gasto tempo explicando aos entrevistados que, apesar de aquela atração estar na grade de uma TV confessional, trata-se de um programa de natureza jornalística. Lá tive a alegria de conversar com o senador Major Olimpio, meses antes de sua morte por Covid-19 – aliás, a doença e as políticas equivocadas no seu enfrentamento foram justamente o tema principal do nosso bate-papo. E vale destacar ainda outra entrevista recente que fiz no "Parlatório", com o ator Juliano Cazarré: apesar de conhecer sua brilhante carreira, ele surpreendeu ao revelar em detalhes sua postura de católico praticante.

ANTIJORNALISMO

Uma atitude excessivamente confessional na condução de um trabalho jornalístico muitas vezes assusta os interlocutores e desinforma o público. Também pode produzir posturas sem o mínimo de bom senso e até prejudicar a democracia. Sempre fiquei com um pé atrás quando precisava me apresentar como jornalista e mencionar que era padre. Tinha receio de que as pessoas prestassem atenção no ministério religioso que exerço e esquecessem minha formação acadêmica. Até por parte de colegas jornalistas sofri pressão por ser padre. Já aconteceu de ser enviado para uma pauta relacionada à Igreja e todos começarem a me fazer perguntas como se eu fosse fonte, esquecendo que estava naquela apuração do mesmo modo que eles.

Há casos, no entanto, em que a formação jornalística de um padre é motivo de grande sucesso e respeito pelos colegas. Um dos nomes mais importantes do quadro de intelectuais que rodeia o Papa Francisco é o do padre jesuíta italiano Antonio Spadaro. Ele dirige a revista mais antiga em língua italiana, a "La Civiltà Cattolica", fundada em 1850. Padre Spadaro é jornalista, teólogo e crítico literário. Superconectado, ensina ciberteologia na Universidade Gregoriana. Gosto imensamente da repercussão das palestras em que ele insiste que a Igreja deixe de ser a dona de todas as respostas e aprenda a perguntar.

Padre Spadaro é amigo pessoal e colaborador do Papa Francisco. Uma das primeiras entrevistas do pontífice argentino foi concedida a ele, mas seu trabalho jornalístico que mais me chamou a atenção, e que li com muito cuidado, foi a entrevista com o cineasta ítalo-americano Martin Scorsese. Ele foi a Nova York conversar com o diretor por ocasião do lançamento do filme "Silêncio". Nas duas horas de conversa, padre Spadaro perguntou se Scorsese achava que crer em Deus e ser católico eram coisas diferentes. O cineasta respondeu que era católico, não se interessava pelas políticas da instituição, mas pelo modo como as pessoas percebem Deus, ou, por assim dizer, o mundo do intangível.

Outro projeto absolutamente genial que teve grande participação do padre Spadaro foi feito por jesuítas americanos. Eles coletaram desenhos e perguntas de crianças de várias partes do mundo, que em seguida foram enviados ao Papa. O resultado foi um livro traduzido em várias línguas. No Brasil, ganhou o título de "Querido Papa Francisco". Entre as perguntas mais difíceis, está a do menino sírio Mohamed, de 10 anos. Vivendo no meio dos destroços de uma guerra sem fim, ele questionou Francisco se, um dia, o mundo voltará a ser belo. O Papa lhe disse que seu sofrimento não irá durar para sempre.

O antijornalismo é um risco na prática do jornalismo confessional, mas um padre comunicador, com a visão de que o tratamento profissional faz a diferença, pode mudar a história. Conheci um padre assim que me serve de inspiração. Ele se chama Flávio Cavalca de Castro e dirigiu por muitos anos a Rádio Difusora de Goiânia. No fim da década de 1970, teve a coragem de reunir jovens jornalistas e dar-lhes a missão de cobrir a vida cotidiana da capital goiana, incluindo, com ênfase, a luta dos mais pobres e abandonados. Isso lhe custou a retirada de patrocínios, privações impostas pela ditadura militar e até a incompreensão de outros padres. Ele não arredava um milímetro do propósito que elegera como fundamental no trabalho de comunicação na Igreja e, de segunda a sexta-feira, encerrava um comentário veiculado ao meio-dia com um confiante pedido: “Deus ajude”.

CENSURA

Tinha ouvido falar de um padre indiano que construíra uma ponte entre princípios espirituais de religiões orientais, como o budismo, com elementos da fé católica. Em julho de 1998, quando trabalhei no Vaticano, tomei conhecimento de uma curta nota de censura, divulgada um mês antes, a respeito dos escritos desse padre. Fiquei encucado. Li vários livros que publicou e amei uma adaptação italiana feita a partir da sua obra, que subvertia a famosa parábola da águia e da galinha – uma águia criada entre galinhas e comportando-se como tal é despertada por um naturalista ao revelar que ela nasceu para voar alto para ser a maior de todas as aves. Alguns editores italianos organizaram uma quadrilogia com os ensinamentos do padre. O primeiro volume trazia o título "Mensagens para uma águia que se crê uma galinha", e os demais, "Onde não ousam chegar as galinhas", "Instrução de voo para águias e galinhas" e "Brevê de voo para águias e galinhas".

Estou falando do padre Anthony de Mello. Foi, portanto, a partir de uma censura da Igreja que se acendeu em mim o interesse em conhecer esse escritor de alma livre. E foi com base no que aprendi com ele que escrevi o livro "Viva o presente, aprenda com o passado, creia no futuro". A publicação serviu para dar auxílio financeiro a uma entidade que fundei, chamada Centro de Convivência para Idosos Nossa Senhora do Perpétuo Socorro, em Goiânia. Não se tratava de um asilo, mas sim de uma espécie de creche para a terceira idade. Os interessados passavam um turno reunidos, enquanto recebiam orientações de saúde, de exercícios físicos, instruções de cultura e tinham momentos de meditação.

A censura feita à obra do padre Mello, infelizmente, é um procedimento comum no Vaticano. Tem o intuito de zelar pelo bem dos fiéis, e pelo fato de as autoridades se sentirem obrigadas a declarar que certas posições são incompatíveis com a fé católica. Nunca me senti perturbado ou prejudicado na fé que professo em relação ao que li nas obras desse autor, mas nem sei se a fé que professo é absolutamente ortodoxa. Também admito que não tenho autoridade intelectual e conhecimento suficiente para afirmar que os erros apontados na notificação da Congregação para a Doutrina da Fé não existem.

A teologia é um campo que, como toda ciência, exige muita investigação e rigor na redação dos seus conceitos. Quando um padre se torna jornalista e precisa traduzir conceitos teológicos para uma linguagem mais simples, pode, seguramente, incorrer em imprecisões ou até mesmo em erros. Um vetusto e respeitado professor da Accademia Alfonsiana, instituto superior no qual estudei teologia moral, em Roma, disse aos alunos durante discussões temáticas que, se as pessoas quisessem ser profundas, deviam cursar teologia; se quisessem ser superficiais, era melhor que fizessem faculdade de jornalismo. Eu ouvi aquilo e, em silêncio, resmunguei: "Mas as pessoas entendem os jornalistas e não entendem os teólogos".

No jornalismo praticado na Igreja, portanto, para se imunizar contra uma censura grave, é imprescindível requisitar um revisor teológico. Foi justamente por não ter condições de lançar mão dessa supervisão que sempre evitei fazer afirmações sobre Deus e suas leis. Mesmo quando estou no exercício explícito do ministério sacerdotal, como durante uma homilia na celebração dominical, sou mais jornalista do que teólogo. Isto é, não me vejo destilando verdades, mas fazendo considerações para se entender trechos bíblicos e suas consequências na vida comum das pessoas. Por causa disso, já ouvi elogios de quem se identifica com a necessidade de compreensão e críticas sobre a minha superficialidade teológica.

SENSIBILIDADE

Se você faz jornalismo no ambiente da Igreja é preciso saber que, nesse espaço, há temas extremamente sensíveis. A vivência da sexualidade é um deles. É terreno minado. Qualquer vacilo e sua seriedade profissional pode ir pelos ares. Ainda assim, escrevi uma série de textos que chamei de "Rafapedia" e publiquei num jornal católico inserindo verbetes relacionados ao tema. Claro que, para a redação da série, pesquisei muito e apresentei o assunto de forma impessoal, objetiva, citando autores e referindo-me a um tipo de compreensão mais comum sobre cada questão, sem entrar em polêmicas.

Não foi sempre assim em outros trabalhos. No segundo ano da faculdade de jornalismo, por exemplo, me inscrevi num grupo que faria um vídeo sobre a história do rock'n'roll. Escolhi participar justamente pela fama de o gênero musical se associar ao uso de drogas e à prática sexual. Ainda bem que a produção jamais foi veiculada e não tive que compartilhar em casa o material que assinei. Cheguei a gravar uma passagem, em frente à Catedral de Brasília, lembrando a tríade "sexo, drogas e rock´n´roll", poderosa na cultura pop, e acrescida de um bom pitaco da suspeita de que o rock tivesse influência satânica. Não afirmávamos nada, mas colocávamos todos os temperos no caldeirão.

Outro tema delicado: padres que deixam o sacerdócio. Acompanhei vários colegas que abandonaram o seminário ou o exercício do ministério para casar. Nesses casos, eu me deparava com a questão do celibato e da castidade. Isso sem falar que, nos meus tempos de juventude, qualquer conversa sobre a vida de padres, por mais banal que fosse, desembocava invariavelmente em questões sexuais.

Um colega jornalista me perguntou, uma vez, que tipo de remédio os diretores colocavam na comida para que os seminaristas conseguissem viver sem sexo. Fora esse lado folclórico, encontrei-me muitas vezes em discussões profundas, principalmente quando se tratava de investigar casos de pedofilia. Cheguei a me ofender quando um colega jornalista da rádio em que eu trabalhava comentou, diante do perfil de um pedófilo, que o sujeito estava pronto para ser padre, bastava estudar.

Escândalos sexuais sempre foram uma chaga no ambiente da Igreja, sobretudo quando expostos em reportagens, livros ou filmes. Quando fui professor de teologia moral fundamental num instituto para religiosos em Goiás, em 1994, cheguei a pedir à coordenação pedagógica para exibir em sala de aula um filme inglês, lançado naquele ano, que tratava da sexualidade dos padres. Chama-se "O padre", em que Antonia Bird estreou na direção. A produção ficou conhecida como o filme do padre gay, o que era uma injustiça com o tema. Embora o personagem principal fosse realmente gay, havia duas outras modalidades de vivência sexual na história: o padre heterossexual que transava com a empregada e uma espécie de assexualidade de superiores. Fui aconselhado pelos coordenadores a não seguir com a ideia.

Em todo caso, confesso, nunca me distanciei de uma boa conversa sobre essa temática aplicada ao ambiente da Igreja. Por causa desse interesse e não querendo reduzir a questão da sexualidade a escândalos dos padres ou a casos de homossexuais – ampliando a visão da sexualidade na sua modalidade normativa, heterossexual –, resolvi aproveitar o barulho provocado pelo Papa, ao considerar a ordenação de homens casados. Em 2020, entrevistei para um documentário (ainda não exibido) um membro do Movimento Nacional das Famílias dos Padres Casados, entidade que reúne, no Brasil, sete mil padres. Ele me disse que um número substancial estaria disposto a voltar a exercer o ministério sacerdotal na Igreja.

DIÁLOGO

Oscar Wilde era jornalista. Nasceu na Irlanda, país onde o catolicismo já foi visceral. Ele preferia a literatura, mas teve sua história massacrada pelos jornais quando foi preso por atividades homossexuais e submetido a um dos primeiros e rumorosos julgamentos de celebridades na era moderna. Wilde sabia conduzir conversas como poucos, apesar de suas intervenções, segundo biógrafos, serem marcadas por sarcasmo, ironia e cinismo. Ainda assim era um sujeito espirituoso. Não conheço sua obra em profundidade e confesso que acho o discurso de "O retrato de Dorian Gray" bem acima de minhas capacidades cognitivas. Mas sempre carreguei comigo uma frase do Wilde que diz que o jornalismo justifica sua existência pelo princípio darwiniano de sobrevivência do mais vulgar.

Quem ainda não teve oportunidade de pesquisar, saiba que vulgar, diferentemente do que se pensa, vem do latim e significa banal, comum, corriqueiro, ordinário, usual. É o senso comum. O jornalismo, na verdade, vai muito além do senso comum. É um instrumento capaz de tornar acessível a todos o conteúdo que, muitas vezes, só está disponível para os entendidos. Na Igreja, sempre senti necessidade de uma assumida vulgarização das conversas. Para isso é preciso dialogar, escavar sentidos mais palatáveis à maioria das pessoas. A Igreja precisa de jornalismo de qualidade em sua comunicação interna para derrubar mitos, traduzir expressões complexas, vulgarizar.

Arriscaria dizer que o Papa Francisco vulgarizou o cristianismo tirando o discurso das páginas sofisticadas da ciência teológica e passando-as para a conversa do cotidiano. Nesse sentido, é mais fácil ser jornalista diante das falas do atual Papa do que de seu antecessor, professor refinado, intelectual de grande porte.

No início do pontificado de Francisco, comentou-se que Jorge Mario Bergoglio não tinha lastro intelectual. Lendo uma resenha sobre sua formação jesuítica, entendi que, na verdade, ele preferia ouvir, fazer perguntas, aprender e só então falar. Parecia impossível que um Papa dissesse, em público, que não sabia alguma coisa. Ele tem coragem de dizer que não sabe.

No curtíssimo período em que fui diretor do escritório de comunicação da Cúria Geral da minha congregação, em Roma, entre agosto de 2013 e julho de 2014, busquei conhecer de perto um pequeno texto sobre João XXIII publicado em maio de 1965 na revista "New York review of books", pela filósofa judia alemã, naturalizada americana, Hannah Arendt. O título era "Um cristão no trono de Pedro", um texto profundo e inspirador. A autora parecia em alarme diante do fato de um verdadeiro cristão ter ido parar no comando da Igreja. Eu desafio qualquer um a substituir o nome de João XXIII pelo de Francisco. Veja o resultado. Cabe como uma luva.

Papa Francisco diz aos jornalistas que é preciso dialogar. Em 2021, na mensagem aos comunicadores do mundo inteiro, ele pediu que se "gastasse as solas do sapato" em busca de verdadeiros encontros. Somente por meio desses encontros e do diálogo é possível realizar um trabalho profissional de qualidade. Morro de medo de quem faz jornalismo contando apenas com o infinito recurso da internet, sem conversar com as pessoas sobre o que escreve.

PAZ

Se há um cruzamento real entre o jornalismo como ofício e a mensagem central da Igreja, esse ponto é a promoção da paz. Sempre devotei grande fervor ao chamado jornalismo de paz, aquele que informa para desarmar espíritos. Ao longo dos anos na profissão, passei por muitas situações que confirmaram em mim a necessidade desse jornalismo. Publiquei um livro em 2012 com o título "Jerusalém – Sete dias na cidade onde todo homem nasceu". O trabalho foi baseado numa experiência concreta. Me uni a um grupo de 24 pessoas num retiro espiritual em Jerusalém, em Israel. Uma espécie de viagem de turismo religioso às avessas. Passávamos bastante tempo meditando no hotel e só depois fazíamos os trajetos comuns de peregrinos naquela cidade tão simbólica.

Tomei como fio condutor do retiro um livro do rabino brasileiro Nilton Bonder, "Código Penal Celeste", publicado em 2004. Repassamos os dez mandamentos estupefatos com a profundidade, a linguagem intrigante e as ideias tão próximas de corações que manifestam a fé e têm interesse de rezar. Bonder parece dizer que a única pergunta que nos será feita no tribunal do céu será se fomos nós mesmos na Terra. Líamos, refletíamos, rezávamos juntos e, depois, pé na rua da Cidade Santa. Um lugar tão militarizado que os jovens, moços e moças, andam de mãos dadas, com uniformes do exército e um fuzil de cada lado.

As tábuas da lei onde Moisés escreveu os dez mandamentos, ditados por Deus, estiveram em Jerusalém num baú chamado de Arca da Aliança, hipótese histórica que rejeita mistérios e controvérsias. A Arca teria se perdido antes do século VI a.C., devido a causas acidentais, como um incêndio, ou saques. A hipótese se ampara no fato de que, antigamente, era comum a eclosão de incêndios em cidades feitas com uso abundante de madeira, palha e tecidos, e pela presença contínua de chamas abertas. Em outra hipótese, também histórica e não bíblica, considera-se que a arca, feita com ouro, teria sido roubada, destruída e dispersada pelas tropas que ao longo dos séculos saquearam o Templo de Jerusalém.

Cidade marcada pela destruição, Jeusalém até hoje é palco de tragédias produzidas pelo infindável conflito entre israelenses e árabes da Palestina. Naquela mesma ocasião do retiro que se transformou no livro, conheci uma das obras de um escritor lembrado para receber o Prêmio Nobel de Literatura, Amós Oz. Depois de participar da Guerra dos Seis Dias, em 1967, e da Guerra do Yom Kippur, em 1973, ele se tornou um dos fundadores do movimento Paz Agora. Além de autor de romances e ensaios, Oz trabalhou também como jornalista: foi um defensor autorizado da "solução de dois estados" para o conflito árabe-israelense.

Enquanto estávamos em Jerusalém, procurei chamar a atenção do grupo para as várias dimensões da paz. Foram apenas sete dias, mas o suficiente para lembrar que paz se constrói e se promove. Aproveitei também para apresentar minha devoção a um jornalismo de paz.

Anos depois, em 2018, profissionais do portal Vatican News convidaram jornalistas brasileiros para comentar uma mensagem do Papa sobre "Fake news e jornalismo de paz" e pude ler um texto inspirador de Gerson Camarotti, da GloboNews, que assina o prefácio deste livro e de quem tenho a honra de privar da amizade. Ele se recordava de uma ocasião nos anos 1990, enquanto estava se formando, em que foi ao arcebispo emérito de Olinda e Recife, Dom Hélder Câmara, pedir conselho. Dom Hélder disse que o pai e o avô tinham sido jornalistas e que a atividade deve ser fonte de verdade. Em seu texto para o site do Vaticano, Camarotti escreveu que buscava exatamente aquilo na profissão: a melhor forma de se ter um jornalismo de paz era ir em busca da verdade para noticiá-la.

CAPÍTULO 7

Degredo

Em 2017, com
Fernanda Montenegro e
Rodrigo Santoro, nos 50 anos
do prêmio de cinema da CNBB

Fazer jornalismo, buscar a verdade, perguntar sobre situações e questões incômodas na Igreja pode ser uma aventura sem volta. O método geral envolve tanto a hierarquia como o povo de Deus e condena o errante a uma situação de abandono completo. Se me fosse possível elencar para conhecimento do público, eu nem recorreria aos casos clássicos da fogueira medieval que detonou a reputação de livres pensantes; também não precisaria detalhar o modo como Martinho Lutero, na primeira metade do século XVI, tomou um caminho todo seu por não encontrar eco na expressão das reformas que a Igreja demandava. Mas não posso fazê-lo para não instaurar novas situações de ruptura.

O tema da reforma é, na verdade, uma bela pauta que continua a despertar o faro jornalístico. Atribui-se exatamente a Lutero a locução latina de que a Igreja é "sempre reformanda" e que, hoje, é pacificamente considerada válida pelos católicos progressistas. Nem precisaríamos de uma análise de confronto entre reformistas e conservadores para entender que a Igreja necessita permanentemente de reforma porque é terrena, humana, limitada e pecadora. As infidelidades das pessoas que nela vivem afetam a mensagem que portam, anunciam, e se tornam uma espécie de escurecimento do rosto de Cristo.

Pode-se recordar, sem receio do degredo, o caso da Igreja na Irlanda depois da divulgação dos abusos sexuais. Papa Bento XVI, em 19 de março de 2010, chegou a escrever uma carta dirigida ao conjunto da comunidade católica no país. No documento, ele dizia com todas as letras que era preciso criar uma nova visão, buscar caminhos e realizar uma reforma profunda. Seu gesto fez frente a uma longa série de acusações, de mal-entendidos, de traições, de suspeitas e de ódio que abalou o espírito dos católicos de um país que passou a ser visto como o poente do catolicismo na Europa.

Em 2013, foi justamente lá que ocorreu um degredo paradigmático com um confrade meu. Padre Tony Flannery escrevia mensalmente em uma revista da minha congregação, a “Reality”, e foi suspenso pelo Vaticano em 2012 porque abordava temas que não atendiam às expectativas da Igreja. Ele disse, na época, ter sido informado por nossos superiores de que a Santa Sé só permitiria que retornasse ao ministério se aceitasse assinar e publicar declaração concordando, entre outras coisas, que mulheres nunca podem ser ordenadas. Além disso, teria que aderir à ortodoxia da Igreja em questões como contracepção e homossexualidade. Ele não aceitou. Deixou a congregação e o sacerdócio.

Há quem abjure, diferentemente do meu confrade, mas ainda assim acabe por perder cadeiras acadêmicas em universidades porque deixam de ser confiáveis à instituição. A renúncia de opiniões, sentimentos e doutrinas nem sempre limpa a ficha de um pensador na Igreja. Não é nada fácil abrir mão de convicções obtidas com muita pesquisa, seriedade e oração. No máximo, pode-se abster de expressá-las em determinados ambientes, nada mais do que isso.

O hoje escritor dedicado à ecologia Leonardo Boff, no Brasil, e o psicanalista alemão Eugen Drewermann foram dois exilados do ambiente eclesial. O caso Boff, os leitores brasileiros conhecem bem. Eu enfrentei as quase 700 páginas do livro "Funcionários de Deus – Psicograma de um ideal", de Drewermann, para compreendê-lo mais e posso assegurar que, do mesmo modo que ocorreu com o ex-frade brasileiro, trata-se de uma arbitrariedade imensa, uma vez que ambos têm grande amor pela Igreja e pelo Evangelho de Jesus Cristo. Boff e Drewermann, ironicamente, trataram em suas obras do processo que sofreram na Igreja.

MEDO

Se o dever de obediência ao magistério eclesiástico determinado pelo cânone 212 do Código de Direito Canônico é fundamental para todos os fiéis na Igreja, calcule o que isso representa para quem escreve ou para um simples jornalista nesse ambiente. Na mesma esteira, é uma espécie de direito-dever manter a comunhão com a Igreja, sob pena de não colaborar com a divulgação do anúncio da salvação. Ressalve-se, ao menos, que o cânone 218 favorece certa liberdade de investigar as ciências sagradas e de manifestar com prudência o próprio pensamento.

Ter uma ideia própria é sempre motivo de temeridade no ambiente católico. Eu sempre fiquei meio atônito quando ouvia confrades dizerem algo sem base doutrinária; temia por eles. Por sorte, os católicos não são muito exigentes e desconhecem a letra da doutrina, de modo que acolhem certas afirmações desprovidas de senso com razoável normalidade e, assim, deixam os padres protegidos.

Um confrade meu dizia que no rito da missa há pedidos de perdão em demasia. Parece uma ladainha de gente mal-amada, amedrontada diante de Deus. Ele defendia refazer as orações e reduzir os pedidos e as referências ao pecado. Eu morria de vontade de publicar as ideias do confrade, mas não me atrevia, porque sei que textos litúrgicos, na Igreja, são mais poderosos do que textos morais. Até os críticos admitiam que a reforma litúrgica do Concílio Vaticano II tinha sido revolucionária.

O teólogo suíço Hans Küng, falecido em 2021 aos 93 anos, tremendo crítico de uma Igreja que queria ser única no mundo, dizia que, se o Concílio não tivesse existido, a liturgia católica permaneceria sendo rito meramente clerical celebrado em uma língua morta e incompreensível. O povo assistiria passivamente aos ofícios em latim ou se contentaria com missas sussurradas, nas quais os padres estariam voltados para o altar. Hans Küng não parecia ter medo, mas foi sempre questionado. Segundo um conhecido, ele agia assim porque amava os holofotes da mídia.

Confesso meu medo de escrever qualquer coisa que se refira à Igreja sem antes ir várias vezes a fontes muito seguras. Talvez esse sentimento tenha me impregnado pelo tipo de formação que minha geração recebeu. Não estudamos os clássicos. Nossa síntese teológica geral é muito questionável, uma vez que atravessamos os quatro anos de formação institucional teológica sob o predomínio do discurso da chamada Teologia da Libertação, área que ainda carecia de muita sistematização. Nossos professores nos recomendavam mais textos curtos publicados em revistas sobre a ligação necessária entre fé e vida do que tarefas mais árduas que nos levassem a obras de maior fôlego.

O medo que ainda experimento não é o do sentimento superficial diante de um perigo, mas a sensação de que se pode vacilar, seriamente, na exposição de um conceito pouco elaborado porque é pouco conhecido. Um exemplo quase jocoso: os jornalistas, no Brasil, costumam chamar a Conferência Nacional dos Bispos de "Confederação". Eu sempre achei um erro grotesco, até buscar entender melhor o que seria, na prática, uma conferência: uma reunião durante a qual uma ou mais personalidades falam. De fato, é mais simples imaginar que se trata de uma entidade de bispos confederados.

ERROS

Em um boletim ao vivo durante uma viagem que fiz em 1990, nos meus primeiros anos na Rádio Difusora de Goiânia, eu disse que Istambul era a capital da Turquia. Nem me preocupei, porque estava justamente em Istambul, hospedado no mesmo hotel que alardeava aos hóspedes ter sido o lugar onde a escritora britânica Agatha Christie escreveu "O mistério dos sete relógios". Me impressionou o Estreito de Bósforo e também as paisagens humanas de uma cidade tão europeia com tantos árabes. A informação sobre a capital da Turquia, que é Ancara, não mereceu minha devida atenção.

A punição foi o deboche da redação quando voltei da viagem. Um colega me perguntou de onde eu tinha tirado aquilo. Respondi que me faltou o básico para qualquer reportagem, ou seja, uma pesquisa anterior. Contornei a brincadeira apresentando detalhadamente a visita ao Grand Bazaar, um dos maiores e mais antigos mercados cobertos do mundo, com 61 ruas e quatro mil lojas, que atraem mais de 20 mil pessoas todos os dias. Reconheci nas andanças por Istambul o modo típico de negociar que, no Brasil, sempre atribuímos aos turcos, mesmo quando nos referimos a outros árabes. Entrei e saí de uma loja meia dúzia de vezes até que o vendedor me vendeu, por 12 dólares, um relógio pelo qual, inicialmente, pedira 80.

Muito diferente do que errar o nome de uma capital distante que ninguém liga foi confundir o modo de tratar um cardeal da Cúria Romana. Em 2010, eu cobria uma visita de um grupo de bispos ao Vaticano. Fui publicamente corrigido pelo arcebispo de Goiânia ao me dirigir a Antonio Cañizares Llovera, cardeal espanhol então prefeito da Congregação para o Culto Divino e a Disciplina dos Sacramentos, chamando-o de "excelência", e não de "eminência". Jamais me ocupara em decorar as formas de tratamento na Igreja. Cañizares celebra a missa do modo como se fazia antes da reforma do Concílio Vaticano II.

O cardeal espanhol ao qual fui exposto por não saber o pronome de tratamento disse em 2004, quando se discutia no parlamento espanhol a aprovação do casamento entre pessoas do mesmo sexo, que definir esse tipo de acordo como casamento nunca havia acontecido na história da humanidade. Se é para considerar pequenos erros, o cardeal incorreu em um, pois uma lei de 23 de novembro de 1998, aprovada na Bélgica, dava direitos limitados aos casais registrados do mesmo sexo. E, um ano antes do debate na Espanha, já se definia aquele acordo como casamento.

Eu erro muito, ainda que não deliberadamente. Não sou capaz de ler um documento da Igreja de 300 páginas em poucas horas para escrever uma matéria. Tento compreender a exegese do conteúdo e confio em comentaristas autorizados. Padre Jesus Flores, a quem dedico este livro, um confrade que morreu em 2021 vítima da Covid-19, era dono de uma oratória estupenda e de uma voz de trovão. Ele me disse, certa vez, que jamais comentava comentários. Eu faço isso com a maior tranquilidade; amo comentar comentários.

Mas essa prática já me trouxe sérias ameaças. Uma vez, num editorial para a Rede Católica de Rádio, na primeira década dos anos 2000, recebi um recado de que a assessoria do então senador Arthur Virgílio, do Amazonas, procurava dados para me processar. No material, que encaminhei ao departamento jurídico da emissora, provei que eu dizia no editorial explicitamente o que falara outro comentarista. Lembro bem que fiz a seguinte ressalva: "Não pergunte a fulano de tal quem é o senador amazonense, pois se você fizer isso poderá ouvir que ele é isso ou aquilo".

OSTRACISMO

Se no jornalismo laico uma pessoa pode ser deixada de lado e esquecida após algum comportamento não padronizado, na Igreja essa realidade é ainda mais grave. Gil Barreto Ribeiro, padre da minha congregação no meu tempo de seminarista, era considerado uma expressão do refinamento. Ele ocupava vários cargos na Igreja. Em 1979, quando morávamos em Goiânia, cheguei a ir a uma festa num clube chique para o lançamento de um livro dele, intitulado "Matrimônio – Loteria do amor?". Ele escrevia muito bem e tinha desenvoltura no trato com os jornalistas. Na festa, sua secretária, uma freira muito bonita, brilhou. Pouco tempo depois, ele decidiu abandonar o sacerdócio e se casar com ela. Tiveram dois filhos. O nome dele desapareceu do nosso universo. Eu sempre trazia na mente a imagem daquele padre para compreender o que a Igreja faz com quem toma decisões delicadas. Ele faleceu em 2021.

Enigmáticos são esses tempos do Papa Francisco, quando ele nomeia como consultor da Secretaria de Comunicação da Santa Sé e recebe, no Vaticano, o padre norte-americano James Martin, que disse, em maio de 2017, que alguns santos eram provavelmente gays. Ele lembrou que uma certa parte da humanidade é gay e, por isso, uma certa parte dos santos pode ter sido. Padre Martin destacou, em linha com a palavra de Jesus, segundo Mateus no 21° capítulo, que os publicanos e as prostitutas precederiam no Paraíso os que se achavam muito corretos. Para ele, as pessoas poderão se surpreender quando forem saudadas no céu por homens e mulheres LGBTQIA+.

O mesmo não aconteceu com o monsenhor polonês Krzysztof Charamsa, funcionário do disputado *staff* de padres da Congregação para a Doutrina da Fé. Ele fizera, às vésperas da abertura do Sínodo dos Bispos sobre a Família, em outubro de 2015, o seu *coming out,* recebendo jornalistas com o seu companheiro de vida. Depois daquele barulho todo, padre Charamsa lançou um livro já traduzido para o português: "A primeira pedra – Eu, padre gay e a minha revolta contra a hipocrisia da Igreja Católica". Li a versão italiana e encontrei uma pessoa altamente preparada, mas também fortemente indignada com a Igreja na questão da homossexualidade. Não se ouve mais falar dele nos circuitos católicos. Saiu do armário e sumiu do horizonte.

O padre italiano Renato Salvatore sumiu por outras razões. Considerado um religioso brilhante pelos seus pares, a ponto de ser eleito superior-geral da Ordem dos Ministros dos Enfermos, os camilianos, ele foi acusado de envolvimento no sequestro de dois religiosos, na Itália. Acabou preso e condenado a três anos de reclusão. Para o seu lugar, foi eleito um padre brasileiro que eu conheci: Leocir Pessini, doutor em teologia moral e bioética pela Pontifícia Universidade Católica de São Paulo, com pós-doutorado na Edinboro University, no Centro de Bioética na Pensilvânia, nos Estados Unidos. Ele morreu de câncer em 2019.

Ainda me lembro de um outro caso em que o personagem desapareceu das conversas internas nos ambientes que frequento na Igreja; um daqueles padres com talento para a comunicação, simpático e que privava da companhia de bispos e cardeais. Padre Wagner Portugal foi parar na capa da revista "Época", em março de 2019, como delator da Operação Lava Jato, em que confessava ter participado de um esquema de desvios de dinheiro. A revista "Crusoé" tratou do caso na edição daquele mesmo mês. No texto, Rodrigo Rangel afirmava que Portugal fora "tirado do altar" porque não cumpria com as funções básicas na paróquia para a qual havia sido designado.

ABSOLUTISMO

Hipólito da Costa, fundador do jornal "Correio Braziliense", é considerado o patriarca do jornalismo brasileiro. Ele tinha pavor do absolutismo. O Vaticano é, na opinião de muitos analistas políticos, a última corte europeia de uma monarquia absolutista. E nem é preciso arrepiar os cabelos por causa disso. Absolutismo é tão somente, por definição, um regime no qual o soberano centraliza todos os poderes do Estado em suas mãos.

Eu sempre quis fazer as contas com essas duas questões tentando entender e praticar jornalismo na Igreja. Para isso, considerei o que Hipólito dizia de quem atravancava o caminho da liberdade, e passei a entender que minha atuação na Igreja deveria ser crítica, mesmo quando não pudesse me manifestar.

No entanto, nunca esqueci o que significa autoridade nesse ambiente, em que as funções são exercidas com traços absolutistas. Tive conhecimento, no correr da minha formação em espiritualidade, que precisava entender a voz dos superiores como a voz do próprio Deus. Nada mais desconfortável para um jornalista. Uma vez, meu grupo religioso promoveu uma pesquisa sobre voto de obediência. Confesso que passei dias medindo as palavras que iria usar para responder ao questionário. Mensurar palavras, segundo o meu entendimento, é uma das tarefas contínuas para quem faz jornalismo na Igreja.

Organizei, certa vez, um volume de respostas dadas por um confrade amigo meu num programa de rádio, com o título "Direto ao ponto". Ele fora meu superior religioso no único período em que me senti em uma democracia. Não tinha a fleuma dos superiores comuns, mas não deixava nenhum ponto a ser esclarecido em suas intervenções. Objetivo, pontual e corajoso. Num primeiro momento, eu pensava que ele não iria encontrar fundamento para o que dizia, porque era demasiadamente livre. Depois, com um jeito que era só dele, achava algum vínculo com um elemento da doutrina e da disciplina da Igreja.

Um outro superior ao qual servi com o meu trabalho de jornalista me deu a chance rara de reunir em um livro o esforço que fizera para animar a nossa província religiosa em nove anos de coordenação. O livro ganhou o título de "Verbo esperança". Esse padre, estudioso da Bíblia, é mais preocupado com a profundidade espiritual do discurso e desenvolve reflexões voltadas à redenção da humanidade. Um jornalista teria mais dificuldade para entender suas respostas. No livro, apenas reproduzi o que ele escreveu.

Talvez o clima de uma entidade governada por valores absolutos, numa estrutura política humana absolutista e com hierarquias religiosamente definidas, tenha desanimado os padres a cursar jornalismo. Lembro-me que, até pouco tempo, era muito difícil encontrar colegas de profissão no meio eclesial.

Hoje, o quadro mudou. Mas, ainda assim, vejo mais gente fazendo publicidade do que realmente um jornalismo que assegure a formação de uma opinião pública mais esclarecida. E, principalmente, não vejo jornalistas padres cuidando da opinião interna da Igreja. Falta, acho, coragem de mostrar que o sistema eclesial dominante parece obsoleto. As formas de poder se prestam ao cometimento de abusos, especialmente em relação à prática da liberdade na produção de textos jornalísticos em emissoras de rádio e TV, que são concessões públicas entregues a congregações religiosas e dioceses no Brasil.

PÚBLICO

O público gosta de homenagens porque nelas estão a expressão de sua força como receptor, mas também como emissor. Em 2017, quando assessorei uma comissão de bispos que cuidava da comunicação da Igreja no Brasil, me deparei com a tarefa de dinamizar a celebração dos 50 anos dos prêmios de comunicação oferecidos pela Conferência Nacional dos Bispos a profissionais de cinema, rádio, TV e de veículos impressos. Naquele ano, o Prêmio Margarida de Prata de Cinema, o primeiro da série, criado em 1967, em plena ditadura militar, ia merecer um trabalho especial e seria a temática geral das comemorações. Junto a um outro sacerdote que me auxiliava na comissão, houve consenso de que era preciso escolher nomes significativos da cultura.

Eu sempre achei que para homenagear alguém é preciso levar a pessoa acima dos nossos olhos. Confesso minha indignação com a imagem de Ayrton Senna, uma escultura pequena, sem pedestal arrojado, diante do Hotel Copacabana Palace, no calçadão da Avenida Atlântica, no Rio. Sem um pedestal de, ao menos, dois metros, ocorre o contrário do que se pretende. Em vez de prestar homenagem, parece mais uma ridicularização. Poderiam ter dado tratamento semelhante ao de Dorival Caymmi ou de Carlos Drummond de Andrade, homenageados no mesmo calçadão, além de Clarice Lispector, na mureta da Pedra do Leme. Ou ainda como a imagem dos 18 do Forte, no canteiro central da avenida, uma escultura colocada num pedestal apropriado e que obriga o passante a olhar para cima.

Busquei compor uma lista de homenageados que nos levasse a olhar para cima. Fui chamado de pretensioso, mas imaginei que, se não fizesse assim, seria também ridículo o resultado final. Consegui reunir cinco nomes do cinema que exigiria de todos um olhar para o alto: Fernanda Montenegro, Dira Paes, Rodrigo Santoro, Silvio Tendler e Miguel Pereira. Este último, crítico de cinema do jornal "O Globo" entre 1966 e 1983 e professor da Pontifícia Universidade Católica do Rio, tinha sido o principal organizador do prêmio da CNBB nos últimos 50 anos. Infelizmente, ele participou da homenagem, deu seu recado de que a premiação deveria continuar e foi vencido por um câncer, em 2019.

Consegui falar com Fernanda Montenegro usando do artifício de ser padre e jornalista. Contatei um sacerdote da Arquidiocese do Rio, amigo da atriz, que me passou o telefone dela. Liguei e quase tive um troço quando ouvi sua voz. Disse a Fernanda que estava muito emocionado para falar. Ela me disse: "Não fique emocionado". O telefonema caiu três vezes e, no fim, quase de joelhos para agradecer a paciência e bondade dela, marquei a entrega da estatueta que simbolizava a homenagem para o fim de março, no Palácio São Joaquim, residência do cardeal arcebispo do Rio de Janeiro. Fernanda protagonizara dois filmes premiados pela Conferência dos Bispos: "Eles não usam black tie", de Leon Hirszman, e "Central do Brasil", de Walter Salles.

Acionei também um outro padre, Ricardo Rezende, que conheci enquanto pesquisava material sobre trabalho escravo no Brasil. Ele próprio fora tema de um filme coproduzido pela atriz Dira Paes, "Esse homem vai morrer. Um faroeste caboclo", premiado com o Margarida de Prata. A atriz foi muito gentil e aceitou comparecer à entrega da condecoração na casa do arcebispo do Rio.

Padre Rezende pediu ajuda ao ator Wagner Moura e me deu também a possibilidade de contatar Rodrigo Santoro, que no dia da homenagem se emocionou falando de sua participação no papel de Jesus, no remake de "Ben-Hur". Para completar o time de estrelas, levei ainda o ganhador de várias edições do prêmio de cinema da Igreja, o diretor Silvio Tendler. Foi um colosso. Achei até que podia me aposentar depois daquela façanha.

Conclusão

Completei 58 anos de idade em 2021. Meu prontuário médico contém uma lista de males que vai de doença metabólica até a impressão diagnóstica de um coágulo entre o crânio e o cérebro. Sou medicado para depressão desde 2014, quando quase morri por causa de uma malsucedida colonoscopia. Tenho consciência tranquila sobre a minha limitação cognitiva e, definitivamente, não sou um intelectual. Não obstante, gosto de ler e me encanta particularmente o universo da internet, sem abrir mão de uma educação do algoritmo. Tenho saudade da minha juventude, mas sinto que a velhice, a despeito de ser uma *cosa brutta*, como dizem os italianos, é um tempo para desfrutar de uma consciência mais ampla e de correção constante de expectativas.

Não espero nada além de respeito e de consideração, como todo mundo. Não alimento sonhos midiáticos. Gosto da coxia, dos bastidores e da humanidade das pessoas que se apresentam na ribalta, no mundo e na Igreja. Me apetece mais ser amigo do rei do que tomar a frente das decisões; por isso, sou um péssimo gestor de pessoas quando tenho o comando nas mãos, porque busco dialogar, contingenciar, entender e só decidir com a anuência da própria pessoa envolvida. Sei que isso não cabe nos moldes do empreendedorismo que privilegia o carisma e a personalidade, mesmo que seja de um déspota.

Não sei de onde saiu, em minha vida, a ideia de ser padre. Nunca consegui uma resposta satisfatória para esse tipo de curiosidade tão comum. Não saberia dizer quando tudo isso começou. O que sei é que segui essa história, ingressei no seminário, estudei e fui ordenado aos 25 anos. O discernimento sobre a minha veia para a comunicação se deu, naturalmente, dentro desse universo e já fui modelado para considerar a profissão de jornalista dentro dos muros da vida religiosa.

Minha formação em jornalismo não foi linear, houve idas e vindas. Comecei numa universidade pública, passei para uma universidade particular em outra cidade, fui para a Europa, voltei para o Brasil e concluí o curso. Tudo isso entre 1988 e 1998. Durante esse tempo eu exerci o ofício internamente na Igreja. Mas tinha uma obsessão em terminar a faculdade, me inscrever no sindicato e apresentar, orgulhosamente, meu registro profissional.

Um aspecto da minha vida pessoal, no entanto, me deixa em constante busca, mesmo sendo quase um sexagenário: os conceitos mais importantes da Igreja sobre a sexualidade humana. Não ignoro as interdições à condição e à prática homossexual, por exemplo. Ainda assim, povoa meu horizonte existencial uma vontade danada de afirmar que a orientação sexual das pessoas não as coloca, por si só, nem um milímetro acima ou abaixo umas das outras. Acredito ser importante dizer também que as linhas precisas e bem definidas da retidão de caráter, como também a procura incessante da verdade e do amor, deveriam ganhar mais importância na avaliação comunitária que se costuma fazer da figura de um padre.

Termino, simbolicamente, com um registro pessoal que faz com que o sacerdócio e o jornalismo continuem a travar uma deliciosa luta dentro de mim: o sofrimento de homens e mulheres gays na Igreja me deixou sempre muito atordoado. Acho que ainda há algo para eu fazer na forma de uma pesquisa séria sobre esse recorte da realidade de vida dos padres, por exemplo. Conheço consequências da infidelidade clandestina e da pressão heteronormativa que produzem feridas profundas em pessoas que apenas querem servir a Deus e aos irmãos. Várias dessas feridas são cicatrizadas com o tempo, outras sangram, todas as noites, quando essas pessoas se deitam para dormir. Escorrem sobre as cobertas e se derramam no chão dos quartos.

Este livro utilizou as
fontes Baskerville e Bilo e a
primeira edição foi impressa
na gráfica Decolar em fevereiro
de 2022, às vésperas de padre
Rafael Vieira completar 40 anos
atuando no jornalismo, desde
seu primeiro programa de
entrevistas na Rádio Difusora
de Goiânia, em 1983.